シネマ・クリティック

栗原好郎

彩流社

目次

はじめに

映画の観方はさまざまでも、実はそれぞれの生きてきた人生からしか映画は観ることはできない。最近は監督の人生から切り離して、映像作品そのものを論じたりする流れがある。また、作品は時代的なものだから、古い映画を映画館で観ることなく、ＤＶＤで観て論じるのは邪道だという議論もある。

さらに、映画館で、それも同時代的な雰囲気の中で観ないことには、映画はわからないという発言まである。映画館システムが崩れ、自宅などで自由に映画が再生できるようになった現在、映画館で観る映画と、自宅などで観る映画は果たして同じものか、同じレベルで論じていいのか。結論は出ないが、今言えるのは、密室空間で、不特定多数の人と一緒に同じスクリーンを観る映画館システムが崩壊しつつあるということだ。

少数の見知った人と画像を観る体験は同質のものを求める like の世界だろうし、それに対し、見知らぬ人びとと時間を共有し同じスクリーンを観るという体験は、異質なものを求める love の世界と同質のものだろう。交わりの空間がそこにできれば幸いだが、他者不在の個だけを突き詰めた先には不毛な世界が待っているのではないだろうか。異なるものを受け入れて、自分の世界を再構築する場としての映画館は、もはやノスタルジーの対象でしかないのだろうか。小奇麗なシネコンの館内で観る映画は、小汚い、胡散臭さが漂う昔風の映画館を駆逐してしまった。昔はいざ知らず、還暦を超えた今はぼくも、DVDとかでごまかして映画を観ることも多くなってきた。簡便に映画を、いつでもどこでも観ることができるようになったのは慶事だが、非日常の空間だった映画が日常との間で揺れ動いている現実を見るのは寂しい気もする。

本書では、そうした現状を凌駕するような痛快な映画をご紹介する。どれも渾身の映画評だが、読まれた方がその中から「座右の映画」を一本でも見つけていただきたいというのが切なる筆者の願いだ。

[1] アニエス・ヴァルダ論の余白に　ある「幸福」な風景／映画と写真の間に

「幸福な家庭はどれも似たものだが、不幸な家庭はいずれもそれぞれに不幸なものである」とは、トルストイの『アンナ・カレーニナ』の冒頭の一節だが、幸福というものもまた、置かれている立場によって異なるものである。ある人が幸福であるという事実と裏腹に、別の人がそのために不幸であることも実際には多い。しかし、一見、幸福な風景ばかりを映し出した映画が存在する。それが、アニエス・ヴァルダの『幸福』だ。

「私は印象派の絵画を前にした時の感動を呼び起こすような、そんな色彩映像を作りたかった」とヴァルダがその意欲を語ったこの作品は、全篇にモーツァルトが流れ、まさにルノワールやモネの絵を彷彿させるような場面の連続である。

冒頭に出てくる黄色いひまわりは、やはり幸福の象徴であって、いつも太陽に向かって咲いている花、つまり、幸福へといつも向かって咲いている花として、画面いっぱいに登場する。しかし、黄色いひまわりは時として狂気へと向かうこともある。その意味では、フランソワの妻テレーズの死の伏線ともなっている。

何の憂いもないように見える家族（フランソワ、その妻テレーズ、彼らの子供たちジズーとピエロ）の、平和で喜びに満ちたピクニックの休日の描写から始まるこの作品には、当面、何ら特別の事件は起こりそうにない。

しかし、フランソワが仕事先のヴァンセンヌから、電話をかけるために立ち寄った郵便局で、ひとりの女性局員エミリーと出会い、お互いに好意を感じる。

このふたりの出会いも不倫の始まりというより、むしろ自然で、日常的なことのように表現されている。少しも不自然な所がなく、ふたりは出会い、愛し合う。それでいて、フランソワと妻との間には何の破綻も起こらない。見る者に意外な感を起こさせるほど自然に、物語は進行していく。だが意味という病に侵されたわれわれには、このフランソワと二人の女性（つまり、妻テレーズと愛人エミリー）の関係は、極めて不自然なものかもしれない。フランソワとエミリーの関係が進展するにつれて、われわれは、無意識に「事件」が起こることを期待するようになる。しかし、依然として、何事も起こらず、見る者は違和感を覚えながらも、映像の美しさにいつの間にか引き込まれてしまっている。

ラスト近くに、冒頭の場面と同じ森にフランソワたち親子は、ピクニックに出かける。しかし、場所は同じでも、夫婦の共有している幸福の領域は、微妙に異なっていた。子供を午睡させた後、夫から「秘密」を打ち明けられたテレーズは、何気なく、「もし、あなたが幸福なら、私はそれでもいいと思うわ。」と答え、さらに、「もっともっとあなたを愛するわ。」と続けた。この言葉に感激したフランソワは彼女を強く抱き締め、一方テレーズも、自分から珍しく愛撫を求めた。

しばらくして、子供たちの起きる声で、フランソワが目をさました時、テレーズはもうそこにはおらず、探し回るフランソワの前に無残な溺死体として再登場する。冷たくなった妻の遺体を抱くフランソワを、カメラは執拗に何度もとらえながら、一方で、フラッシュバックを使い、テレーズが池の水の中でもがきながら、片方の手で池の上に伸びた木の枝を掴もうとしている場面を映し出している。しかし、これは妻の死の場面をそのまま再現したものというより、むしろ、夫フランソワがそう信じたいと思った妻の姿ではないか。つまり、事実としての描写ではなく、願望としての、もっといえば、欲望としての描写だと考えるべきであろう。

妻の死を自殺ではなく、不慮の溺死とフランソワが考えていることで、見る者は、この仲の良かった夫婦の幸福観に、埋めようのない溝ができていたことを知る。もちろん、テレーズの死は、自殺であれ、アクシデントであれ、この家族、特に子供たちにとっては、悲惨な出来事のはずであり、それは死んだテレーズにも予測できた不幸なのである。

実は、筆者はテレーズの死を自殺だと考えたいのだが、それは決して、夫への当て付けでもなければ、夫の裏切りに絶望してのことでもないだろう。むしろ、夫に永遠に愛されたいという切実な願いが、彼女に衝動的な死を選ばせてしまったように思う。自分の命を自ら断つことによって、夫に愛された者として、幸福なままで死んでいきたいと考えた妻テレーズは、実は、将来起こるにちがいない夫や愛人との不幸な関係を避けようとしたのかもしれない。

テレーズの突然の死という展開を見ると、すぐ想起されるのは、パトリス・ルコントの『髪結いの亭主』のラストシーンだろう。

小さい頃から念願だった髪結いの亭主になったアントワーヌとその妻マチルドの生活は、何の事件も起こらず、平和な喜びに満ちていた。彼らはふたりとも、旅行することもスポーツすることも好まなかった。子供もなく、ふたりだけで愛し合っていればそれでよかった。

ある夏の暑い日、雷が鳴り、大粒の雨が降り始めた。マチルドは突然、アントワーヌの体を求めて来た。ふたりは店の中で激しく愛し合った。体を離すと、マチルドは、「ヨーグルトを買って来るわ。」と言って、雨の中に傘もささずに飛び出して行った。

あっ気にとられてアントワーヌが外を見ると、一瞬、マチルドは立ち止まって、じっとアントワーヌを見つめたかと思うと、意を決したかのように駆け出し、町を流れる激流に橋の上から身を躍らせた。

マチルドはアントワーヌに一通の手紙を残していた。

「愛するあなた、私はあなたより先に、あの世に参ります。

あなたが私のことをもう欲しくなくなる前に参ります。そうなったら、私たちにはもう優しい気持ちしかないでしょう。そして、それだけでは十分ではないって分かっているからです。

自分が不幸になる前に参ります。

私たちの抱擁の思い出をかみしめながら、あなたの匂い、あなたの眼差し、あなたのキッスを身につけたまま参ります。

私の人生の最上の何年かはあなたが授けてくれたものでした。私はその想い出に浸りながら参ります。

私はあなたに長い、長いキッスを送ります。それで息ができなくなって死ぬまで。

私はあなたをずっと愛していました。そしてあなただけを愛していました。

あなたが私のことを忘れないために参ります」マチルド

マチルドの遺体は川から上がった。しかしアントワーヌの心の中でマチルドは、永遠に生き続けている。

ざっとこんな展開なのだが、『幸福』との類似は明らかであろう。テレーズとマチルドは、夫の愛が冷める前に死を選んだのだ。その愛を永遠に不滅のものとするために。

さて、また『幸福』に戻ろう。

妻の死を境にして、この夫フランソワは、深く悔悛し、愛人エミリーと別れ、子供たちと亡妻のことを想いながら暮らしていく、といったお決まりのストーリーは、この映画には無縁である。ヴァルダは、冷めた眼で人生を見ている、センチメンタリズムの対極にある人なのだ。

実際、テレーズの死後も、子供たちは悲しい顔ひとつせず、新しく妻の座にすわったエミリーにもすぐ懐き、以前と変わらぬ平和な日常が繰り返されることになる。部屋にもエミリーのものが少しずつ増え、妻の座がテレーズからエミリーに移ったことを暗示している。

しかし何といっても、フランソワ自身が幸福いっぱいなのが、見る者の不安を逆に、一層かき立てる。テレーズの姿、名残を追い求める観客に、ヴァルダが映像を通して見せてくれるのは、新しい家族の幸福な姿だけだった。幸福な風景がテレーズの死後も、相変わらず続くわけだが、モーツァルトの音楽だけは、テレーズの死を境に、不安と焦燥をかき立てるものに変わっていく。幸福な風景と不安な音楽というアンバランスな組み合わせが、妙な切迫感を観客に与えながら、ラストの十分間の緊張感を作り上げている。それまでの、多少冗長とも思われる展開が、むしろこのラストの十分間のために生き返ったのである。

そして、冒頭と符合するように、森の中へ消えていく幸福な家族の姿をカメラがとらえるところでこの作品は終わっている。冒頭と異なるのは、テレーズがいるはずのところにエミリーがいることだけである。


さて、ヴァルダ自身の言によれば、この映画を彼女に撮らせたのは、一葉の写真だったらしい。

その写真の中の人物たちは、木陰でテーブルを囲みながら、にっこり笑ってカメラの方を向いて

いた。彼女いわく、

「この写真を見てあなたは心につぶやく。これこそが幸福なのだと。まさにひとつの印象です。でも、さらに目をこらすと、落ち着かない気持ちになる……十五人もいる、老人、女、子供、みんなが一緒に幸福だということはあり得ない……では幸福とはいったい何でしょう？　幸福の外観――それもまた幸福のひとつにはちがいないけれど――そうした幸福の外観の印象が、私の映画の源泉になっているのです」

写真家として出発したヴァルダは、幸福な瞬間をとらえる写真の意味を人一倍、熟知していた。この作品にも、結婚式やヴァカンスなどでのスナップが度々出てくる。人間は、ある瞬間には幸福な表情をしている。しかしそれを持続することは、極めて難しい。写真は幸福な瞬間をとらえることができるが、幸福というものが本来、持続しにくい以上、連続した映像で幸福を映し出すのは不可能に近いのである。

ことばを換えていえば、映画の素材はあくまで写真であるが、写真そのものが自己完結的であるのに対し、映画の中では写真はこうした自己完結性を失ってしまうということだ（R・バルト『明るい部屋』）。

つまり、映画は写真を使いながらも、そこに時間の流れというものを導入し、映像表現しなければならないわけである。

ヴァルダが撮った『ジャック・ドゥミの少年期』という作品の中でも、映画への情熱をかき立てる少年ドゥミを映す一方で、死を前にした夫ドゥミをなめるようにカメラが追っている。砂浜に横たわったドゥミの手のひらから、さらさらと砂がこぼれる場面、自ら猫にミルクを飲ませているドゥミ、そして最後にまた砂浜に腰をおろして微笑むドゥミ。

白血病で余命いくばくもないドゥミの衰弱した姿は痛々しくもあるが、そうした夫をヴァルダはあえて撮ることで最後の時間を夫婦で幸福に生きようとしたのかもしれない。時折こぼれるドゥミのはにかんだ微笑は、失意の表れといえるかもしれないが、未来にかすかな希望を抱いた幸福な姿とも見えなくもない。そうした判断は映画では宙釣りにされたままで、一切は表現されない。もっともらしい理由や因果関係の説明は加えず、ひとつの事実を観客に提供すること、これはヌーヴェル・ヴァーグの目指したことであった。

また、『幸福』の前に作られた『5時から7時までのクレオ』では、主人公のシャンソン歌手がガン検診の結果を待つ二時間の間にどうしようかと心あせる。やがて本当の愛が欲しいことに漸く気づき、最後の休暇を過ごしていた、自分と同じように不安に悩まされているアルジェリア帰りの軍人に共感を覚え、二人で病院へ向かう。途中のバスの中で、二人ははっきりと愛を確かめあって、もう互いに死んでもいいと心の中で思う。これは人間の幸福を死という極限まで押し進めた作品といえる。

このように見てくるとヴァルダは、人間の幸福というテーマに一貫して取り組んできたように思える。

妻の死がフラッシュバックで映されたのは、フランソワの想像だというようなことを前に述べたが、むしろ、妻の死以後の映像は、現在のフランソワから見た、こうあって欲しいという形のひとつの物語であるとは考えられないだろうか。

母親の死を悲しまない子供がいるだろうか。あんなに仲の良かった家族の中にいて、愛する母親を失うことが、幼い子供にもどれほどショッキングなことか、それは言うまでもないだろう。

しかし、画面には悲しみに暮れる子供は出てこない。ただ愛人のテレーズと仲良くなっていく子供たちがいるだけである。しかし、この子供の姿は、実はフランソワが考えた理想の姿、つまり、こうあって欲しいという願望の現れとは考えられないだろうか。もしそうだとすれば、妻の死までは幸福でのどかな風景とモーツァルトが実に甘美なハーモニーを奏でていたのに、死を境に、それは不安を醸し出す音楽へと変貌してしまうのも首肯ける。見る者の内面を映し出すように、不安な危機感を増幅させるモーツァルトのメロディーがラストに流れる時、観客は自分の隠しておきたい幸福への欲望とでも呼ぶべきものに気づかされ、言いようのない不安に脅かされてしまうのである。

付記

『幸福』という映画は、アニエス・ヴァルダの一九六五年の作品で、日本公開は一九六六年六月四日となっている。この映画の製作者は、『シェルブールの雨傘』(一九六三年作品)と同じマグ・ボダールである。上映時間八十分。主人公フランソワにジャン=クロード・ドゥルオーが扮し、主人公の一家は、実際のドゥルオー一家が演じている。だからテレーズを演じたクレール・ドゥルオーは実生活でもジャン＝クロードの妻なのである。ヴァルダの再三の懇請により、クレールは生まれて初めて映画に出たということである。

フランス映画は先が読めない。アニエス・ヴァルダの『幸福』では、幸福な家庭がありながら、夫は愛人を作ってしまう。しかし、妻と愛人の相克は描かれず、謎の死を遂げる妻についての論議もないままに、愛人が妻の座に居座ってしまう。要するに、妻の死以外は何ら変わることなく、日常は過ぎて行く。何も起こらないことの怖さ。パトリス・ルコントの『髪結いの亭主』(一九九〇年)でも、幸福の絶頂で、妻は豪雨の中、店を飛び出し、橋から濁流に身を投げてしまう。残された妻の手紙には、夫婦の愛情が同情の愛に変わる前に逝きますと。さらに、極めつけは、ジャン・ポワレの『妻への恋文』(一九九二年)だが、匿名の恋文まで出して妻の愛情を試す夫。妻の自分への愛を確認した夫の、さらなる過激な愛情表現、そして謎の死(?)。意表を衝いた展開がミステリアスだが、すべてこれ愛の絶頂での死を描いている。馴れ合いの愛情では耐えられない純愛物語的要素が、この三作品には散りばめられているが、過剰な愛の行く先はやはり、幸福な家庭ということにはならない。この世ではすべてが移り行くわけで、いつも変わらぬ愛情を求めるためには、自分の死によって瞬間を永遠のものにするしかあるまい。

［2］トリュフォーにおける教育『野性の少年』とイタール博士

『シンドラーのリスト』以降、アカデミー賞に輝くなど、世間的な名声をほしいままにしているように見えるスピルバーグだが、クロード・ランズマン監督の『ショアー』の前には『シンドラーのリスト』は風前のともしびにすぎない。九時間を超える証言のみによって構成された『ショアー』の重みに比べれば、実在した元ナチス党員シンドラーの、潤色された物語はいかにも軽い。スピルバーグ自身、ユダヤの出自を持つことで、この糊塗されたドラマを一層、現実に近いものと観客に錯覚させることに一役買っている。彼はオスカーが欲しくて、このようなセンチメンタリズムに満ちたオスカー・シンドラーの物語を作ったんだと皮肉を言う人さえいる。

彼の映画作りはこの作品以後は、残念ながら、世俗的な権威を求めることに費やされていった。彼の映画人生は『ジュラシック・パーク』まで。その中で何といっても最大の傑作は、『未知との遭遇』(一九七七年)だろう。この作品はその後、追加撮影と再編集を行い、一九八〇年に「特別編」として改めて上映された。サイエンス・フィクションとサイエンス・ファンタジーを見事に融合させ、映像表現に新天地を開いたこの作品は、『E・T』などのSFロマンへとつながっていくのだが、渦巻く雲や巨大宇宙船のSFXシーンに加えて、フランソワ・トリュフォーの俳優としてのアメリカ映画初出演も話題になった。スピルバーグはUFO研究家のラコーム博士役としてトリュフォーを起用している。

スピルバーグは、ラコーム博士役の人選に当たって、「子供の心を持っている人間」を必要としていたと語っている。優しく、暖かくて、異様なもの、不合理なものを受け入れられる人。『野性の少年』や『アメリカの夜』を見て、「この大人／子供(＝トリュフォーをさす)は、ぼくが描いた人物だ」と彼は思い、すぐにトリュフォーに出演交渉をしたということだ。

トリュフォーにとっては愛と教育は同義語である。トリュフォーは子供の時、アルピニストの両親に森の中に置き去りにされた耐えがたい体験を持っている。その体験は『野性の少年』へと発展する。孤立や隔絶から人間を救い出すための闘いこそ教育であり、文化であると彼は考えていた。だから『野性の少年』の中で、ヴィクトールと名付けられた野性児が人間社会になじめないのを見て、教育の必要性、つまり文化の必要性に疑問を投げかける人がいると、トリュフォーはひどく困惑し、自分の幼児体験をおぞましく想起してしまうのである。彼は、教育すること、また教育されることの必要性を、この作品でも自ら教師役を演じることで見る者に訴えている。『野性の少年』は、彼自身の少年鑑別所時代の思い出をそのまま映画化した『大人は判ってくれない』とともに、教育されなかった人間の悲哀を感じさせる作品ともなっている。『野性の少年』のヴィクトールがイタールの教育によって「人間」に変えられていくように、トリュフォー自身もアンドレ・バザン(1)に救われ、その教育によって、映画に目覚め、人生を学んでいった。

この『野性の少年』という作品は言うまでもなく、E・M・イタール著『野生人の教育について』、あるいは、アヴェロンの野生児の身体的・精神的な初期発達について』(一八〇一年、邦訳は福村出版から『新訳アヴェロンの野生児』一九七八年、中野善達・松田清訳)を下敷きにしている。イタールは社交的な人物ではなく、むしろ、無口でこつこつと仕事に打ち込むタイプであり、トリュフォーの演技もそれに呼応して、飾り気のない質朴な人柄を象徴するものとなっている。

一七九九年、ナポレオンが独裁政権を樹立したその同じ年の七月、南フランスのアヴェロンとタルヌの県境で推定年令十一、二歳の野生児が発見される。これが、後世「アヴェロンの野生児」として知られるようになった少年である。イタールは自ら師と仰ぐロックの経験論哲学に則ってこの野生児の教育を開始する。「タブラ・ラサ」、つまりわれわれ人間はもともと白紙状態であり、心の全内容は経験によってつくられる、とするロックの思想に基づく野生児ヴィクトールへの六年にわたる教育も、この少年を「普通児」にすることはできなかった。イタールは人間形成における幼小児期の体験の重要性を認識しながらも、彼を白痴と判断し、不本意ながら彼への教育を中止してしまう。これが史実なのだが、トリュフォーの映画のラストでは、いったん家を出たヴィクトールが自らイタールのもとに戻り、イタールとヴィクトールの教育的関わりが再開されるという、見る者に希望の光を投げかける形で終わっている。これはトリュフォー自身の教育されなかったが、教育されたかった少年時代を実によく反映している。彼は教育されることを望んでいた、だからあくまでもヴィクトールの教育に可能性を残しておきたかったのだ。

トリュフォーの教育論の粋であるこの『野性の少年』という作品は、ジャン＝ピエール・レオーに捧げられている。トリュフォーの長編第一作である『大人は判ってくれない』以来、彼の分身アントワーヌ・ドワネルを演じてきたジャン＝ピエール・レオーにこの作品を捧げることで、トリュフォー自身、自分の不幸な少年時代に訣別したかったのかもしれない。『大人は判ってくれない』が少年鑑別所から脱走した少年のクローズアップで終わっているのに対し、『野性の少年』がイタールの下から脱走した少年の帰宅で終わっているという事実が、そのことを実によく表している。しかし、野性の少年ヴィクトールの目に、教育される側から教育する側へと立場を変えたトリュフォーの姿はどのように映ったのだろうか。ヴィクトールの眼差しは、案外、『大人は判ってくれない』のドワネル少年の眼差しに似て、鬱屈としたものだったかもしれない。

「人間は、文明化されなかったら、動物のうちで最も弱く最も知的でない存在の中に数えられることになる。これは言い古された真理のはずだが、厳密に証明されたことはまだ一度もない」と言って、野生児ヴィクトールへの実験教育を始めた国立聾唖学校医師E・M・イタールのことばを自らに重ね合わせ、『野性の少年』を撮り始めたトリュフォーはあるインタビューに答えて、次のように言っている。

「この映画のシナリオはかなり前にできていたが、イタール博士の役を演じることができそうないい俳優が見つからなくて撮れずにいたのだった。野性の少年を育てる役なので、何はともあれ、子供好きの俳優でなければならず、演技のうまさよりも、できるだけ真実味のある俳優にやらせたかった。ところが、俳優というのは、えてして、自分をできるだけよく見せるために、子供なんか押しのけてしまったりするものだ。あの映画に関するかぎり、わたしは、俳優というものに最初から敵意をいだいていた。とにかく、子供を何よりも、自分自身よりも、大事にしてもらわなければ、この役はできない。やがて、わたしは、そういったことは全て演出に属するものだということに思い至った。少年をいたわったり教育したりする役は、映画監督と同じ仕事ではないか、と。で、思い切って、わたし自身がこの役を演じようと決心したのである[2]」

さらに、『未知との遭遇』に彼を出演させたスピルバーグの次のことばが、トリュフォーのこの作品の製作意図を一層はっきりと浮かび上がらせている。

「トリュフォーはぼくに完璧な俳優の定義を教えてくれた。忍耐強く、十五分の仕事のために六時間待つことができ、監督に決して問題を与えない人。彼は、それを大変誇りにしていたよ[3]」

少年時代、母親に愛されたことがないと公言するトリュフォーが、自分を辛抱強く待ち続け、何か言えば必ず返事をしてくれる存在としてのアンドレ・バザンに出会うことで、幼年時代に得られなかった父親の愛情を補填し、映画の世界へ足を踏み入れていく。その間の経緯に思いをいたすことでトリュフォーは、文明の闇にさすらう野性児の物語へと誘われていった。

このヴィクトールの物語は次のようなシーンで終わっている。

イタール博士が机のわきに立って、自分の努力がどうやら失敗したらしいこと、少年を教育しようとする試みが、野性児の本能と憧れに負けてしまったことを日記に書いていると、破れた服を着て泥まみれになったヴィクトールが窓の外に現れる。イタールは少年を家の中に呼び入れて次のように言う。

「うれしいよ、帰ってきて。分かるか? お前の家だ。もうお前は動物ではない。お前はすばらしい少年だ。未来がある。……また勉強しよう。」

少年は、当時第一級の精神医学者ピネルによって、「白痴であり、治癒も教育も不可能である」と診断された。しかし、イタール博士は、「少年は、人間的に生きる経験や環境を持たなかったためにこうした状態にあるのだ」と考え、野生児の人間化を目指した。実際の、少年への教育は聾唖学校の監督婦ゲラン夫人の助けを借りて一八〇一年初頭から開始されたが、すでに触れたように、映画のラストの安堵と明るさに反して、実際は、教育は失敗に終わる。ただ、イタールが少年への教育的働きかけをやめた後も、聾唖学校の持ち家に住んでいたゲラン夫人の下に少年は引き取られ、四十歳で亡くなるまで、夫人の手厚い看護を受けた。映画の中にもゲラン夫人が登場するわけだが、夫人の少年への賢明で母のような愛情もさることながら、トリュフォー演じるイタールの、少年への父親的関わりの強さの方が印象に残っているのはなぜだろうか。トリュフォーの父性への憧れがそうさせたのか。教育への限りない信頼、いや、信仰にも近い感情を、トリュフォーは抱きつつ、教育者イタールに自らを重ね合わせていったのだった。文明の力を確信しながら。

本文中に野性児と野生児というふうに、ヴィクトールを指すことばに使い分けが見られるが、それはフランス語のSauvageという形容詞の訳し方による。文明と野性(または文明と野蛮)という図式に当てはめればSauvageは「野性の」と訳されるわけだが、トリュフォーは既に述べたように、文明を善ととらえているので、この立場をとる。映画の字幕担当者も同じ立場をとっている。だから、映画の内容やトリュフォーの考えに沿って話を進める場合は、野性児という訳語をとった。このことばには否定的なニュアンスが常に伴う。一方、イタール博士は、このSauvageということばを肯定的な意味合いで使っている。つまり、同類に何も影響されていない人間の典型を指すことばとして、Sauvageという単語を用いている。したがって、イタール博士自身の思考に関わる時は野生児という、否定的な要素をほとんど含まない表現をとった。

参考文献

『トリュフォー　ある映画的人生』(山田宏一、平凡社、一九九一年)

『トリュフォーそして映画』(山田宏一・蓮實重彥、話の特集、一九八〇年)

『映画の夢　夢の批評』(フランソワ・トリュフォー、山田宏一・蓮實重彥訳、たざわ書房、一九七九年)

『新版　友よ　映画よ　〈わがヌーヴェル・ヴァーグ誌〉』(山田宏一、話の特集、一九八五年)

『ヌーヴェル・ヴァーグの映画体系Ⅱ』(飯島正、冬樹社、一九八一年)

「ユリイカ（特集トリュフォー）」（青土社、一九八五年）
『新訳　アヴェロンの野生児』（J・M・イタール、中野善達・松田清訳、福村出版、一九七八年）

注

（1）（一九一八〜五八）映画批評家。トリュフォーをはじめ、ヌーヴェル・ヴァーグの映画人を数多く育てたばかりでなく、シネクラブでの上映運動などにも尽力した。
（2）『トリュフォーそして映画』一七〇頁
（3）「ユリイカ（特集トリュフォー）」一四〇頁

［3］建国神話としての西部劇　一九五〇年代の作品『シェーン』を中心に

映画の歴史を語るとき、西部劇は今はもうすたれたジャンルである。勧善懲悪でマンネリズムに貫かれたドラマが、価値観の多様化についていけなくなったことがその第一の原因だろうが、六〇年代のベトナム戦争や黒人公民権運動などの影響で、アメリカが自分たちを正当化する拠り所を失くしてしまったことも大きい。

西部劇の魅力を語り尽くした『大いなる西部劇』(新書館、二〇〇一年)が出ている。戦前の作品もあるが、主に西部劇の黄金時代といわれる五〇年代の作品を中心に、西部劇マニアを自認する作家の逢坂剛と評論家の川本三郎がその蘊蓄を披露している。

五〇年代といえばアメリカは、マッカーシズムの旋風が吹き荒れた時代。つまり、「赤狩り」といわれる反共政策がとられ、映画の都ハリウッドへもその波は押し寄せていた。非米活動委員会を中心とする「赤狩り」は峻烈を極めた。しかし、この委員会は最初から反共をスローガンに掲げていたわけではない。その設立は一九三八年にさかのぼるが、当初の委員会設立の目的は、「憲法によって保障された政府形態の原則を攻撃する、国外ないし国内からする反逆的・非米的宣伝のアメリカ国内における普及」について情報を集めることとされていた。当時のアメリカはルーズヴェルト大統領の時代であり、もっぱらヨーロッパで猛威をふるい、アメリカ国内にもその追随者を出していたファシズムの脅威を防ぐことを眼目としていた。しかし、委員の顔触れはむしろ、札付きのファシストばかりで、戦後は米ソの対立もあって反共へと矛先を変えていった。はじめは非常設であったこの委員会も、一九四五年には国会で僅差で常設化されることになる。われわれが普通、ハリウッドの「赤狩り」についていう「非米活動委員会」は、この常設委員会のことである。のちに大統領となり、ウォーターゲート事件で失脚したニクソンはその中心的なメンバーとして「活躍」した。そのニクソンが中ソ対立を利用して中国に接近、一九七二年二月には訪中を実現するというのも歴史の皮肉だろうか。一九七九年にはカーター政権により、米中国交正常化がなされることになる。

「ニューディール」政策によっても経済は上向くことはなかったが、国防経済体制に移行するやいなや、わずか二年で失業者数は激減する。アメリカは平和ではなく、戦争を本質的に必要とした。だから大戦後も「冷戦」というソ連との新しい戦争を必要とした。戦後資本主義体制のなかでリーダーにのし上がったアメリカは、冷戦によって好況を維持すると共に、ソ連を始めとする共産主義勢力への恐怖感をあおりたてた。ロックフェラーらの巨大財閥の系列に組み込まれていたアメリカの映画産業も、こうした「赤狩り」の荒波に襲われることになる。映画もあらゆる意味で、金融資本と密接な同盟を結んでいる大企業であった。戦争を挑発し、労働者や進歩的な人々を攻撃することに、映画界が戦前から重要な働きをしていたのもまた事実なのである。

非米活動委員会によるハリウッド映画界への弾圧は、「映画産業への共産主義の浸透」という名の下に聴聞会を中心として展開された。ハリウッドにおける第一回聴聞会は一九四七年に行われ、以後たくさんの映画関係者が証言を求められることになる。こうした国家規模の思想弾圧の中で西部劇はピークを迎えることになる。

映画は一世紀あまりの歴史を辿っても、フィクションとして創られてきたことがわかる。もちろん、リアリズムの運動や記録映画というジャンルの存在を忘れているわけではないが、それとてカメラを向けて撮影をする限り現実そのものは撮影することはできない。むしろ、「映画は夢である」といった言い方が映画にはふさわしい。西部劇の場合もアメリカの建国神話に材を得ている部分があり、現実からは遠く離れた古き良き時代を背景に展開する。その意味ではやはり夢に近い。

西部劇にはいくつか特徴的な舞台装置が出てくる。例えば汽車、駅、一軒家(廃屋)、学校、馬車、平原、時計のオルゴール、汽車から飛び降りる男など。西部劇が衰退して後も、こうした西部劇の指標はさまざまな映画に登場する。スペインのビクトル・エリセ監督の『ミツバチのささやき』(一九七三年)には、ジョン・フォード張りの西部劇的セットがあふれている。エリセ自身がフォードの大ファンと聞けばそれもなるほどではあるが、内戦下のスペインと西部劇的空間という一見奇妙な取り合せが、西部劇の残像をはっきりと見る者に焼き付ける。西部劇は決して死んではいなかった。この点については、蓮實重彥と武満徹の対談『シネマの快楽』の中でも触れられている。西部開拓のドラマはアメリカにとって懐かしいふるさとであり、その意味で常に帰るところでもある。一九〇三年製作のエドウィン・S・ポーターの『大列車強盗』以来、アメリカの監督は自らを西部に重ね合わせて描いてきたが、そのことは個々の作品が作られた時代を逆に浮き上がらせる結果になっている。それは、アメリカン・ニューシネマの傑作『明日に向って撃て!』(ジョージ・ロイ・ヒル監督、一九六九年)に至るまで変わらない。

五〇年代の西部劇を語る際に『シェーン』(ジョージ・スティーヴンス監督、一九五三年)は忘れてはならない作品であろう。しかしこの作品には、西部劇にはお決まりの「正義の保安官」も「凶悪なアパッチ」も、さらに「辺境の騎兵隊」も「酒場の歌姫」も出てこない。西部劇としては異色でありながら、西部劇ベストテンの上位に必ず顔を出すこの作品の魅力は何か。ジョー・スターレットに代表される開拓農民の生活が史実に基づいて描かれているからだろうか、それとも一対一の対決の潔さだろうか。いずれにしても『シェーン』という作品の魅力をガンファイトのみに求めることは公平を欠く。西部劇といえば、インディアンを射的の的のように何の罪の意識もなく殺すことが普通だった時代に、『シェーン』にはインディアンの存在の影すらない。白人はシロでインディアンはクロという二項対立の図式からはこの作品は完全に免れている。それに西部劇ではタブーとされている恋愛、つまりシェーンとジョーの妻とのほのかな恋愛感情も描かれていることも考え合わせると、『シェーン』が西部劇の掟破りの作品だということが見えてくる。

主題曲「遥かなる山の呼び声」がワイオミングの大平原にこだまし、「シェーン、カムバック！」というジョーイ少年の声にも振り向きもせず、山の彼方を目指し黙って去っていくシェーン。この作品は、シェーンを演じるアラン・ラッドのガンさばきもさることながら、単なる撃ち合いばかりの西部劇とは異なり、西部で生きる開拓農民たちの生活を史実に即して描いている。またこの『シェーン』という作品は、荒くれ者のカウボーイの時代から耕作農民の時代への移行期に時代設定がなされている。もともと西部劇は、南北戦争で南部の側で戦ったものたちが西部に流れていったところから始まるわけで、それからフロンティアの消滅、つまり西部開拓の終わりまでの三十年から四十年の間の物語なのである。『シェーン』もその例外にあらず。南北戦争を背景に独立記念日を祝う村人たちの服装などにしても、徹底した時代考証がなされている。綿密な風俗描写にはウソがない。一方、そうした映像のリアリズムを貫きながら、そこで繰り広げられる人間ドラマには細心の注意が払われている。例えば、シェーンとジョーイ少年の関係、はたまたシェーンとジーン・アーサー演じるジョーの妻マリアンとの騎士道精神をにおわせる関係などには。両者が相手にとって不可欠な存在であることが常に意識されている。

ワイオミングの大平原に広がる開拓地では、土着の牧畜業者のライカー一味とジョー・スターレットに代表される開拓農民との間で、土地の所有をめぐって争いが絶えなかった。そこにふらりと旅の流れ者がやってくる。その男の名はシェーン。彼はスターレット家に立ち寄り水を求めるが、ジョーとライカーたちが対立していることを知り、ここに残ることにする。最初は、この得体の知れない男に不審を抱いていたジョーも次第に打ち解けていった。一方、ジョーの息子であるジョーイは始めからシェーンに並々ならぬ関心を抱いていた。それはこの映画の冒頭で、ジョーイ少年が銃を構えて獲物を撃つ真似をしていてシェーンをとらえるシーンからそうである。このつぶらな瞳の少年の目線にキャメラを置いて、ドラマは展開していく。シェーンの行くところ必ずジョーイあり。

ジョーたち開拓農民とライカー一味の争いは一触即発の状況を呈していた。シェーンはその争いに巻き込まれ、ライカーたちに因縁をつけられる。しかし、自分が手を出せば困ったことになると思い、シェーンはその場をやり過ごすが、そのことでジョーイ少年の正義感に傷がつくのを恐れたシェーンは、つぎにライカーたちに酒場で会ったとき、彼らをジョーの協力でぶちのめしてしまう。そうしなければ、もちろん自らのプライドも許さなかっただろうし、ジョーイの自分に対する尊敬の念にも傷をつけることになったにちがいない。

シェーンを演じるのはアラン・ラッド。今ではアラン・ラッドといえば『シェーン』といわれるように、この作品が代表作であるが、この作品以前はB級映画のスターにすぎなかった。しかし、この作品が大成功を収めた後、不幸にもアルコールに溺れて、短い一生を終えている。彼は西部劇のヒーローとしては背もそれほど高くない。それでも一七二センチはあった。ジョン・ウェインやゲイリー・クーパーなどの大男のイメージとはほど遠いこの小男が、映画のなかでは実に大きくのびやかに見えるから不思議である。終盤での名悪役ジャック・パランス演じるシャイアンの殺し屋ウィルソンとの「〇・六秒のガンファイト」は、何度見てもぞくぞくする場面である。山の彼方に消えていくシェーンの姿は、一世一代の名演といわれるだけあって、ワイオミングの壮大な景観と実によくマッチしている。

シェーンとジョーにしてやられたライカーは、名うての殺し屋ジャック・ウィルソンを呼び寄せ、彼の力を借りて復讐を企てる。しかし、彼らの陰謀を知ったシェーンは、ジョーを殴り倒して、ライカーたちの待つ酒場へと向かう。そして絶妙のガンさばきで敵を倒したシェーンは、少年に「強く、正しい人間になれよ」と言い残して去っていく。

このように『シェーン』は西部劇の定番の勧善懲悪のドラマである。そしてほとんど全ての西部劇と同様に、「善」は東部から西部にやってきた開拓農民であり、「悪」は古くから土地に住んでいる大牧場主という設定になっている。当時のアメリカ政府は、一八八六年に、貧しい人々に西部で新しい家族を築くことを約束し、開拓農民の西部への進出を、西部の牧牛貴族によって阻止されるべきではないことを宣言した。もちろん、この宣言以前にも一八六二年の「自営農地法」という法律があり、五年間土地を耕作し、規定された改良を行い、少額の登記料を支払えば、一六〇エーカーの公有地を与えるというものである。しかし実際は、こうした手続きをふまずに公有の牧草地に無断で入る者も多かった。牧牛業者は自分たちの牧草地へ侵入する彼らを排除しようとした。この新しい入植者と先住の牧場主との争いが、西部劇の主題となったのである。

さてライカー一味を一掃したシェーンは、ジョーに象徴される新しい時代の人間なのだろうか。鍬を持ち、耕作に汗を流す農民になれるのだろうか。否、彼自身が映画のなかで言っているように、シェーンは銃を鍬に持ちかえることはできないのである。流れ者の拳銃使いであるシェーンは、もとはおそらくウィルソンと同じ殺し屋だったのであり、その意味ではこれからの新しい時代に生きる人間ではなく、むしろ前時代のヒーローである。カウボーイ時代のような秩序がまだ成立していないときには、従順は弱さを意味し、誰にも従わないことがヒーローたる条件であった。善悪を超越した強さが求められた。ところが、これから来るであろう秩序を指向する開拓農民の時代では、アウトローは無用の長物であり、法を守る善良な人間が必要になってくるのである。ラストでジョーイの再三の呼び掛けにも耳を貸さず、山に向かって去っていったシェーンは、夕闇のなか、墓場を通るのである。よく目を凝らして画面を見ていると、暗くぼんやりはしているものの、彼は確かに十字架の居並ぶ墓地を通り過ぎていくのである。撃たれた方の肩を落としながら。

ところで、この墓場を通るシーンは何を意味しているのだろうか。もちろん、撃たれているシェーンの死を暗示しているのかもしれない。しかし、それ以上に彼が属しているカウボーイの時代の終焉を意味している。シェーンは、自らの死を予感し、自分の時代の終わりを自覚していたからこそ、生命を懸けてライカーたちとの闘いに挑んでいったのである。墓場を通り過ぎたシェーンが馬で山を登っているとき、「グッバイ、シェーン」というジョーイ少年の声がかすかに聞こえてくる。あこがれのシェーンに別れを告げることで、少年は成長していく。もう会うことはないシェーンの名を呼び、彼との別れを受け入れることで大人になっていく。彼の存在を永遠のものとし、神話化しながら。

二十世紀はアメリカの世紀といっても過言ではないが、その輝かしい建国神話を高らかに歌い上げたのが西部劇だった。一九一〇年代に活躍した西部劇スターのウィリアム・S・ハートは次のように言っている。「西部劇というものがヨーロッパの人々にとってどれほど意味のあるものか、わたしにはわからない。しかし、アメリカを母国とするわれわれにとって、西部劇はまさに国民生活のエッセンスそのものなのだ」。ビリー・ザ・キッドのような悪漢ですら西部の自然と格闘したロマンの男となるくらい、西部劇というのはアメリカのパイオニア精神の原点なのである。『駅馬車』(一九三九年)のジョン・ウェイン、『荒野の決闘』(一九四六年)のヘンリー・フォンダ、『真昼の決闘』(一九五二年)のゲイリー・クーパー、そして『シェーン』のアラン・ラッドと、アメリカの映画スターは即、西部劇スターなのである。ただひとりの例外がケーリー・グラント。しかし、朝鮮戦争やベトナム戦争などによりアメリカの正義が地に落ちることで西部劇も衰退していく。ただ「赤狩り」の時代には、暗い世相から逃避するように、「古き良きアメリカ」を彷彿とさせる西部劇が作られた。信頼と正義のドラマが、こうした疑心暗鬼の時代に作られたことは、映画が時代を映す鏡であるとともに、庶民の夢でもあることを実によく表している。徹底したリアリズムに貫かれた『シェーン』などはその代表的な例といえるだろう。これは西部劇ではないが、あのお伽話のような『ローマの休日』も、暗い五〇年代の作品であることを考え合わせると、実際に描かれている物語の裏に透けて見える「真実」というものを考えざるをえない。映画の「真実」を見極めることは、映画が作られた時代の「真実」を見極めることにもつながるのである。

参考文献

佐藤忠男『現代アメリカ映画』一九七〇年、評論社
岡俊雄編『西部劇の世界』一九七一年、荒地出版社
増淵健『西部劇』一九七二年、三一書房
『世界の映画作家16西部劇の作家たち、ジョン・フォード／ハワード・ホークス／サム・ペキンパーほか』一九七二年、キネマ旬報社
『世界の映画作家17カザン／ロージーと赤狩り時代の作家たち』一九七二年、キネマ旬報社
佐藤忠男『映画と人間形成』一九七三年、評論社
『世界の映画作家28アメリカ映画史・エディスンからニューシネマまで』一九七五年、キネマ旬報社
『ああ神話のスターたち〜グラフ・アメリカ映画史』一九七七年、朝日新聞社
P・ボグダノビッチ『インタビュー　ジョン・フォード　全生涯・全作品』(高橋千尋訳)一九七八年、九藝出版
田中純一郎編『映画なんでも小事典』一九八〇年、社会思想社(現代教養文庫)
猿谷要『西部開拓史』一九八二年、岩波書店(岩波新書)
R・H・ロービア『マッカーシズム』(宮地健次郎訳)一九八四年、岩波書店(岩波文庫)
リンゼイ・アンダースン『ジョン・フォードを読む』(高橋千尋訳)一九八四年、フィルムアート社
蓮實重彥『映画はいかにして死ぬか　横断的映画史の試み』一九八五年、フィルムアート社
「季刊リュミエール　第三号　特集『ハリウッド五〇年代』」一九八六年、筑摩書房
ダン・フォード『ジョン・フォード伝』(高橋千尋訳)一九八七年、文藝春秋
川本三郎『ハリウッドの神話学』一九八七年、中央公論社(中公文庫)
鶴谷壽『カウボーイの米国史』一九八九年、朝日新聞社(朝日選書)
川本三郎『ハリウッドの黄金時代』一九八九年、中央公論社(中公文庫)

鶴谷壽『増補・アメリカ西部開拓博物誌』一九九〇年、ＰＭＣ出版
佐藤忠男『アメリカ映画』一九九〇年、第三文明社
マックス・イヴァンス『ケーブル・ホーグの男たち　遥かなるサム・ペキンパー』（原田眞人訳）一九九一年、めるくまーる
『世界シネマの旅1』一九九二年、朝日新聞社
乾英一郎『スペイン映画史』一九九二年、芳賀書店
Le Western, 1993, Gallimard (coll.<tel>)
『世界シネマの旅2』一九九三年、朝日新聞社
陸井三郎『ハリウッドとマッカーシズム』一九九六年、社会思想社（現代教養文庫）
リチャード・M・ドーソン『語りつがれるアメリカ』（松田幸雄訳）一九九七年、青土社
井上一馬『アメリカ映画の大教科書（上・下）』一九九八年、新潮社
蓮實重彥・山内昌之『われわれはどんな時代に生きているか』一九九八年、講談社（講談社現代新書）
ガーナー・シモンズ『サム・ペキンパー』（遠藤壽美子・鈴木玲子訳）一九九八年、河出書房新社
蓮實重彥・武満徹『シネマの快楽』二〇〇一年、河出書房新社（河出文庫）
逢坂剛・川本三郎『大いなる西部劇』二〇〇〇年、新書館

[4]「赤狩り」時代の映画作家たち　ワイラー、ロージー、カザンを中心に

はじめに

国家的規模の思想弾圧のなかで映画人たちはどのような活動を続けたのだろうか。おそらく、三つに分類できる。まず、弾圧にもめげず、徹底抗戦あるいは非友好的態度で委員会に対する。二つ目は、厳しい委員会の追及に屈し、転向する。そして、最後の選択肢は赤狩りの吹き荒れるアメリカを去る。例えば、ヨーロッパに活動の場を移し作品を撮り続ける。もちろんこれ以外にも、赤狩りに抵抗しつつアメリカに残ったが仕事を奪われ困窮を来した者などあるが、大きく分けて先の三つに分けられるであろう。次に、そのおのおののグループから、つまり非友好的証人からウィリアム・ワイラー、友好的証人からエリア・カザン、さらにアメリカ脱出派からジョセフ・ロージーを選んで、その作品を論じながら、彼らを取り巻く同時代の状況にも触れていくことにする。

ワイラーの挑戦

ワイラーといえば、大きな目、太い眉、スリムなボディのオードリー・ヘプバーンを一躍、世界の恋人にした『ローマの休日』(一九五三年)があまりにも有名だが、後年、彼女を起用して『麗しのサブリナ』(一九五四年)、『昼下りの情事』(一九五七年)を撮ったビリー・ワイルダー監督の予言通り、オードリーは胸のふくらんだ女の魅力を過去のものにしてしまった。しかし意外にもこのメルヘンタッチの作品には、ワイラーの、疑心暗鬼を深めるアメリカへの真摯なメッセージが込められていた。グレゴリー・ペックが演じた新聞記者とオードリーが扮した王女のローマでの友情は、最後の記者会見の場面に至っても破られることはなかった。それはアメリカを席巻する赤狩りへのささやかな抵抗だったかもしれない。その間の事情は、吉村英夫「『ローマの休日』ワイラーとヘプバーン」に詳しい。ただワイラーがアルザスのミュルーズに生まれ、スイスのローザンヌ、さらにパリへと転々とし、アメリカへやってきた移民の子であり、同じ移民でもトルコ生まれのギリシャ人のエリア・カザンとはかなり異なった生き方をしたことは注目に値する。カザンについては次章で述べることにして、ワイラーは、当時「ハリウッド・テン」といわれた非米活動委員会のブラックリスト十傑にはその名前はなかったが、終始、「赤狩り」には抵抗の姿勢をとり続けた。

『ローマの休日』では、ワイラーは、脚本をブラックリスト・ナンバー1のドルトン・トランボに依頼している。もちろん映画では、トランボは実名ではクレジットされることはなかった。イアン・マクレラン・ハンターという仮名で登場する。当局の監視はまだかなり厳しく、一九五六年の

『黒い牡牛』がアカデミー賞に輝いたときも、ロバート・リッチという変名を用いたトランボだった。魔女狩りは約十年続いたが、一九五七年になって漸く下火になる。さらに『スパルタカス』、『栄光への脱出』(ともに一九六〇年)、『いそしぎ』(一九六五年)、『ハワイ』(一九六六年)、『フィクサー』(一九六八年)と次々と話題作の脚本を手がける。そしていよいよ、一九三八年に書き始められ、第二次大戦勃発直後に出版された『ジョニーは戦場へ行った』(一九七〇年)を脚本・監督することになる。この企画は当時メキシコで映画製作を続けていたルイス・ブニュエルの演出を仰ぐという案もあったが、結局、トランボ自身が監督することになる。この作品は、第一次大戦のニュースフィルムを、タイトルバックにして始まる。突然、砲弾の音で画面が真っ暗になり、一分近くも暗闇が続いた後で、白いマスクをつけた三人の軍医たちが暗闇に浮かび上がる。手術の最中らしいが彼らの話の内容から、患者が相当の重傷であることが観る者にもわかる。再び暗闇が襲い箱型のマスクに顔全体を覆われた患者がベッドに横たわっている。そこから彼、患者であるジョニーの回想が始まる。単なる反戦映画というより、根源的な人間存在を揺るがすような作品であり、赤狩りを挟んだ三十年以上ものトランボの執念が、この一作には込められている。

この時期のハリウッドの緊迫した状況を映画化したものに、アーウィン・ウィンクラー監督、ロバート・デ・ニーロ主演の『真実の瞬間《とき》』(一九九一年)がある。移民の子として自分のアイデンティティをアメリカで確立することの難しさは、次に述べるカザンやオーストリアからアメリカへ渡ったビリー・ワイルダーも同じだっただろう。アメリカに来て、自分の育った文化と異なる文化に出会い、それに同化できる部分とできない部分とのずれを映像化することで、その違和感を昇華していく。そうした作業を生涯続けていった先の三人の監督が、アメリカを代表する映像作家として現在も語り継がれているのは、ハリウッドの映画史を考える際にある視点を提供してくれる。一九八一年にワイラーは亡くなるが、『ミニヴァー夫人』（一九四二年）、『我等の生涯の最良の年』（一九四六年）、『ベン・ハー』（一九五九年）と三回もアカデミー監督賞を受賞していることでもわかるように、巨匠中の巨匠として晩年を迎えている。

ただワイラーが『ベン・ハー』を撮ったころから、アメリカ映画界は、テレビの普及などの影響で映画人口の落ち込みを経験する。映画界はそれを克服するためにいろいろな方策を案出する。（1）大型スクリーンや立体スクリーンの採用、（2）大作主義、（3）オールスター・キャスト、（4）旧作映画のテレビ放映禁止、（5）スターをブラウン管に登場させない、などの対抗措置を当初はとる。だが、やがてテレビのめざましい普及に鑑み、妥協策を提出することになる。つまり、（1）旧作映画のテレビへの売り渡し、（2）スターのブラウン管への出演の解禁、（3）ヨーロッパ映画界との提携によりアメリカ映画界の活性化をはかる、という「映画界とテレビの結婚現象」が起こる。

二十世紀はアメリカの世紀と言っても過言ではないが、その輝かしい建国神話を高らかに歌い上げたのが西部劇だった。『駅馬車』、『荒野の決闘』などにパイオニア精神のルーツを探るのは容易であろう。しかし、朝鮮戦争やベトナム戦争により、アメリカの正義が地に落ちることで、西部劇も衰退していく。ただ「赤狩り」の時代には暗い世相から逃避するように、「古き良きアメリカ」

を彷彿とさせる西部劇が作られた。ジョージ・スティーヴンスの『シェーン』（一九五三年）などはその代表的な例で、徹底したリアリズムに貫かれており、詩情あふれるウェスタンとなっている。西部劇ではタブーの恋愛も描かれていたり、保安官やインディアンの姿が見えなかったりと、従来の西部劇とは一線を画する。

カザンの転向

ワイラーらの抵抗とは反対に、カザンは友好的証人として仲間を売り、いまだに映画界に根強い不信感を抱かせている。彼の晩年、「アカデミー賞」の授賞式での彼に対するブーイングを見れば一目瞭然だろう。やはり信用を一旦失うと、なかなかそれを取り戻すのはどこでも難しいらしい。ワイラーと共に、立場は異なるが、戦後の映画界を支えたカザンは新人発掘の名手であった。ワイラーは『ローマの休日』で「世界の恋人オードリー・ヘプバーン」を発掘し、カザンは『エデンの東』で、不世出の大スター、ジェイムズ・ディーンを見出した。ともに移民の子でありながら、まったく異なった戦後を生きることになったこの二人は、アメリカ映画を語る際には欠かせない映画作家なのである。

カザンは、「赤狩り」の時代をしたたかに生き抜き、家族関係を中心とした個人的な問題と、アメリカの抱えている問題とを、微妙に交錯させながら映画を撮っていった。そうした彼の姿勢は晩年まで続く。カザンは言う。「私は同時に多くの人間になることはできないんだ……私には大スペクタクルとか、喜劇とか、そんなものも作れない。ワイラーみたいにね……。彼は『ベン・ハー』を作るかと思えば、喜劇も撮る。多くのことをやる人だ。私はといえば、自分固有の領域からほとんど出られない。私は変わるが、それは同じ物が様々な進展によって変貌していくだけだ。……スタイルだって変えたい。ただ私は魔術師ではない。あれもこれも、というわけにはいかない。私には『天地創造』は作れないし、喜劇もダメだ。これまでの私の作品に喜劇的なところがあったとしても、それはほんのご愛嬌だ。私はあくまで私自身でいるのだ。恐らく、ある意味では、私の映画は退屈だろう。なぜならそれはいつも同じ彼だから……。つまり、同じ呪われたカザンだからだ！……要するに、商業映画は私の道ではないんだ」。

大きな希望を抱いてアメリカにやってきたものの、そこにあったのは矛盾に満ちたアメリカの姿であり、伝統と進歩とのぶつかり合いを描いた『荒れ狂う河』(一九六〇年)や、若者の多感な感情の揺れを大恐慌時代のアメリカ社会の中に描いた『草原の輝き』(一九六一年)などは、カザンの移民としての現代アメリカへの鋭い批判でもあった。『紳士協定』(一九四七年)や『ピンキー』(一九四九年)ではユダヤ人問題や黒人問題とも真っ向から取り組んだ。一貫してアメリカを描き続けたカザンは、しかし、言葉と裏腹に、常に「赤狩り」が残した暗い影を引きずっていた。

ロージーの闘い

ワイラーやカザンが、立場は異なるものの、アメリカで映画製作を続けたのに対し、ハリウッドを去り、ヨーロッパで創造活動を続けたのが、ジョセフ・ロージーだった。帰ろうと思えば帰れる状況になっても、ロージーはアメリカに戻ろうとしない。彼は若い頃、『緑色の髪の少年』（一九四八年）などによってアメリカの現実に鋭く迫ったが、今度は、イギリスの階級社会とそこに生きる人間に対し、鋭い眼差を向ける。ロージーは、イギリスの劇作家ハロルド・ピンターのシナリオで三本の作品を撮る。一九六三年の『召使』、一九六七年の『できごと』、一九七一年の『恋』。上流階級に寄生する人々や成り上がろうとする人々を描き、その中にうごめく階級間の葛藤、対立を怜悧な眼でえぐりだす。ただ、上層、下層という二項対立の図式は彼の作品には当てはまらない。一見、下層階級の醜さ、卑しさ、愚かさなどを強調しているように見えるが、実はそうした下層の人々の姿は、偽善という仮面の下に隠された上流階級の人々の実相の反映であるのだ。支配する側もされる側も、人間が人間を隷属させるような社会が続くかぎり、こうした醜悪な側面を引きずっていくことになる。『召使』では、特に主人と召使の関係が逆転する場面があるが、そのことによって社会への矛盾を摘発する方向には向かわず、ますます閉鎖的に主従の関係が複雑化していくだけである。体制そのものには何ひとつ影響することはない。相も変らず、階級社会は生き続け、その因習は旧態以前のままである。といって悲観的な姿勢かというとそうでもない。妙に理想主義的にならないところがいい。上昇志向の強い召使を好演していたのはダーク・ボガード。彼は、次の『できごと』という作品でも失われてゆく若さに執着する大学教授を演じたが、卑しさと高貴さの入り交じった感情を表現できる数少ない俳優のひとりだろう。そして、ロージー＝ピンターのコンビが最後に撮ったのが『恋』。原題は*The Go-Between*であるが、それは大きく分けて次の三つの意味に分かれる。(1)媒介人、仲立人、仲人(2)悪い意味での男女の仲介者、不正取引の媒介者(3)代弁者。このすべての意味を兼ね備えた主人公が、年を経て若い頃を回想するという設定だが、牧歌的なイギリスの田園風景を背景に、貴族の退廃が、感受性豊かな少年の目を通して描かれていて佳作だった。

終わりに

一九四七年十月の非米活動委員会の聴聞会に端を発したハリウッドの「赤狩り」はさまざまな悲劇を生んだ。その間、アメリカは一九六四年八月にベトナム民主共和国への爆撃を強行し、翌一九六五年二月からそれは全面的に拡大され、日常化していった。いわゆるベトナム戦争の始まりである。ケネディ、ジョンソン、ニクソンと続く大統領の下でアメリカ国民は政府に裏切られ、アメリカの「正義」「理想」「民主主義」への幻滅と不信が広がった。一方、一九六〇年代の後半から反戦平和の戦いがかつてない盛り上がりを見せていく中、ケネディが標榜した「リベラリズム」への失望から「ラディカリズム」の潮流が生まれた。人種差別反対闘争も年ごとに激しくなり、同時に、マッカーシー時代に事実上非合法に追い込まれたアメリカ共産党の再建も進んだ。こうしたアメリカの変化は映画界にも及び、「アメリカン・ニューシネマ」と呼ばれる新しい波を生んでいく。いわゆる「赤狩り」からの解放である。弾圧されていた多くの映画人が、次々と映画界に復帰することになる。「赤狩り」への三つの典型的な処し方として取り上げたワイラー、カザン、ロージーの三人の生き方も、今となってはそれぞれ苦渋に満ちた選択だったといえるかもしれない。ただ、カザンに対する反発が未だに強いのは、やはり、友人への裏切りというかたちをとった彼の生き方が支持されなかったことを意味している。

付記

本章は「赤狩り」自体の分析は直接の目的としていないので、詳しい事情については次の文献を見ていただきたい（山田和夫「ハリウッドの赤狩り」『世界の映画作家17カザン／ロージーと赤狩り時代の作家たち』所収、キネマ旬報社、一九七二年。陸井三郎『ハリウッドとマッカーシズム』筑摩書房、一九九〇年）。

参考文献

佐藤忠男「現代アメリカ映画」一九七〇年、評論社
『世界の映画作家⑰　カザン／ロージーと赤狩り時代の作家たち』一九七二年、キネマ旬報社
「季刊リュミエール　第三号　特集『ハリウッド五〇年代』」一九八六年、筑摩書房
陸井三郎『ハリウッドとマッカーシズム』一九九〇年、筑摩書房
吉村英夫『ローマの休日　ワイラーとヘプバーン』一九九四年、朝日文庫
ミシェル・シマン『追放された魂の物語　映画監督ジョセフ・ロージー』中田秀夫・志水賢訳、一九九六年、日本テレビ

[5] ヒッチについて私が知っている二、三の事柄　一九五〇年代の作品を中心に

「私の映画は人生の断片ではなく一切れのケーキだ」(ヒッチコック)

二十世紀は「映画の世紀」であった。ある集計によると、二十世紀の人気映画監督ナンバー1は、二位以下を大きく引き離してアルフレッド・ヒッチコックとなっている。なぜ彼の映画が受け入れられるのか、その魔力の一端に触れるために、ヒッチ映画の黄金時代である五〇年代の作品を検討してみたい。

『パラダイン夫人の恋』(一九四七年)、『ロープ』(一九四八年)、『山羊座のもとに』(一九四九年)と、長回しのカメラワークに試行錯誤を重ねてきたヒッチであったが、『舞台恐怖症』(一九五〇年)では再び編集作業に勤しむことになる。ヒッチ五〇年代の幕開きである。

食事時に殺人の話をするのを最上の楽しみとしたヒッチコックにもお気に入りの殺しのテクニッ

クがあった。それは絞殺と刺殺。刺殺の方は背中からナイフでブスッというのが多いが、もちろん、『白い恐怖』(一九四五年)でのように銃殺という場合もある。『見知らぬ乗客』(一九五一年)では交換殺人というテーマを繰り入れ、「動機なき殺人」が展開される。殺人事件には必ずそれを惹き起こす動機がある、と考えるのが普通だが列車で偶然、隣り合わせた見知らぬ乗客が、それぞれ相手の恨む人間を殺したらどうなるだろうか。二人の関係は殺しの前後には何もないとしたら、警察の捜査は混迷の度を深め、事件の迷宮入りもありうるだろう。原作はパトリシア・ハイスミス。あのルネ・クレマン監督の『太陽がいっぱい』(一九六〇年)の原作者である。だからでもないだろうが、主人公のガイ・ヘインズを演じるファーリー・グレンジャーとブルーノ・アントニーを演じるロバート・ウォーカーのホモセクシャルな関係は、『太陽がいっぱい』でのアラン・ドロンとモーリス・ロネの関係を彷彿とさせる。

人気テニス選手のガイは、ある日、列車のなかで見知らぬ乗客ブルーノから交換殺人を持ちかけられる。ブルーノがガイの妻を殺す代わりに、ガイがブルーノの父親を殺すというものだった。ガイは妻以外に愛人がいたし、一方、ブルーノも自分に冷たい父親を恨んでいたから、交換殺人は双方にメリットがある、というのがブルーノの言い分であった。しかし、ガイは妻に嫌気がさしてはいても殺すまでの感情は湧いてこない。そうこうしている内に、ブルーノはガイの承諾を得ずに勝手にガイの妻を殺してしまう。そして、「今度は君の番だ!」とばかりに、自分の父親を殺してくれとガイに迫るブルーノ。ガイがそれを拒めば、ぼくは君のライターを持っているから君も共犯になるよ、とブルーノは脅迫の声を募らせる。ライターをガイの妻を殺した現場に置きに行くブルーノと、全米テニス選手権大会の試合中でそれを阻止できないガイ。試合の進行と殺人現場へ向かうブルーノの行動がクロスカッティングされ、見る者は一層緊張感をあおられる。

緊張感が盛り上がったところでブルーノが、持っていたライターをうっかり下水溝に落としてしまう。彼は手を伸ばしてやっと指にライターを挟んだかと思うと、また深みに落としてしまう。あせるブルーノはまた手を伸ばして懸命にライターを取ろうとする。このクロスカッティングの場面は手に汗を握るヒッチ名場面集のひとつである。それぞれ別々に見れば何ということもない場面だが、二つをくっつけると見事なサスペンスを生み出す。このライターはガイが愛人のアンからプレゼントされたもので、「AからGへ」というイニシャルが入っている。もちろんAnneからGuyへとも読めるし、AnthonyからGuyへとも読めるわけでその曖昧さが謎を深める。

この作品では、ライター以外にも実にうまく小道具が使われている。例えば眼鏡。ブルーノがガイの妻を絞め殺す場面では、草むらに落ちた、妻の度の強い眼鏡のレンズに、殺人の一部始終が映し出される。二人の男が列車に乗り込み出会うまでを、それぞれの靴のアップで見せるファースト・シーンも秀逸である。

金髪の美女好みのヒッチコックの作品では、ティッピ・ヘドレンやグレイス・ケリーなどの美人女優が恐怖のどん底に陥れられる。だから、ヒッチは女性嫌いか女性恐怖症ではないかとよく言われる。そんなヒッチの映画のなかで、美女ではなく美男をとことん窮地に追い込むという珍しい作品がある。それは『私は告白する』(一九五二年)である。主人公である美男のローガン神父を演じているのは、当時大変な人気を誇っていたモンゴメリー・クリフト。『波止場』(一九五四年)のマーロン・ブランドや『エデンの東』(一九五五年)のジェイムズ・ディーンは、クリフトが役を蹴ったおかげで世に出てきた俳優たちなのである。彼は、正義と力とユーモアがすべてのアメリカン・ヒーローの世界に、反抗とか弱さとか、あるいは忍耐や犠牲とか憂鬱といったナイーヴな感受性を持ち込んだ最初の男優なのである。

『私は告白する』でも、追い詰められてなお、犯人の懺悔を口外しないで、じっと耐えるだけという神父の苦悩を、クリフトは見事に演じきっている。カトリックの神父は、懺悔室での告白を、どんなことがあっても口外してはならないという不文律があり、信者の告白を他に漏らすことは、神の教えに背くことになるのである。クリフト演じる神父は心の動揺を見破られないように、終始表情を変えず、神の子としての自負を貫く。クリフトは四十六歳で悲劇的な人生を終えたが、三十歳過ぎのこの作品でも、すでに悲劇の匂いが漂っている。ヒッチ作品に出たのはこれ一本だが彼の存在感は実に大きい。

さて、この作品はフランスの劇作家ポール・アンセルメの「われら二人の道義」を映画化したものである。舞台はカナダのケベックを背景にしているが、実際にケベックでロケを敢行している。ケベックは長いあいだフランス領であったため、カトリック信者が多いことも作品の主題に大いに影響を与えている。ちなみにヒッチ自身はカトリックであるが、宗教上の問題を中心に据えているわけではないだろう。

物語は次のように展開する。ローガン神父は教会の懺悔室で、ケラーという男から殺人を犯してしまったことを告げられる。ケラーは神父の力添えで、夫婦して神父館に住まわせてもらっている男で、金欲しさに弁護士を殺したというのである。神父は罪を告白するように諭すが、ケラーは、神父が懺悔を口外できないのをいいことに、自分の罪を逆に神父になすりつけようとする。殺された弁護士と神父は実は厄介な関係にあった。神父は、かつての恋人でいまは人妻ルースとの密会の場を弁護士に見られ、そのことで彼に脅迫されていたのである。ケラーは僧衣姿に変装して弁護士を殺しており、その姿を女学生に目撃されてもいる。当然、神父は疑われるが、神父には動機もあり、アリバイを立証するものは何もない。濡れ衣を晴らすには、ただケラーの告白を待つしかない。しかし、ケラーは口を割ろうとはしない。ルースは、神父が犯人ではないことを証言するために、夫の目の前で神父への思いを赤裸々に告白することになる。神への信仰を貫こうとするルースではあったが……。

ブロンドの美女好みのヒッチが、おそらく一番愛したであろうのが、「クール・ビューティ」ことグレイス・ケリー。彼女は『ダイヤルMを廻せ!』(一九五四年)でヒッチ映画にデビューする。深夜、電話が鳴ってグレイスが起き上がっていく場面があるが、そこでヒッチはヴェルヴェットの豪華なローブを作らせようとしたところ彼女は、「家にたったひとりで居て、電話に出るだけなのに、そんなものを着ていくのはおかしい。ここは絶対にナイトガウンです」と主張し譲らなかった。

寝室の逆光に浮かび上がるグレイスのなまめかしさや、大きく開いた背中や首を締められてばたつく足のセクシーさ加減は、ヒッチの予想をはるかに超えた効果を生んでいる。「殺人は上品でなければならない」とは、ヒッチの口癖であったが、現実の殺人はふつうグロテスクなもの。だから、グレイスの存在そのものがすでに、ヒッチのサスペンス映画を成立させる要素を持っていたといえる。頭の回転の良さと行動力、それにウィット。ヒッチを虜にしたグレイスは、続く『裏窓』、『泥棒成金』でも彼の女神であり続けたのである。

彼女はフィラデルフィアの裕福な家に生まれた。アイルランド人の彼女の父は、建築家で、一代にして富を築き、子供たちにはスポーツを通じて不屈の精神を教えると同時に、優雅に負けることの大切さをも説いた。グレイスは両親の反対を振り切って、単身ニューヨークへ。モデルの仕事をしながら演劇の勉強をしていた。そのとき、『真昼の決闘』(一九五二年)の新人女優を欲しがっていたスタンリー・クレイマーの目に止まる。こうして面接に帽子をかぶり、白い手袋をしてきたグレイスは幸運なデビューを飾ることになる。ヒッチは彼女のことを「雪を頂いた活火山」(外側は雪のようにひんやりしているが、内側は燃えたぎっている女という意味か)と呼んだそうだが、「クール・ビューティ」だけでは語りきれない彼女の魅力を端的に表現した言葉である。ヒッチは彼女の表面を覆っていた雪を解かし、活火山の正体を現わにさせていくのである。溶けそうには見えない雪が突然溶けて燃えるような火山が正体を現すように、一見、冷たそうで育ちもよさそうな無垢な女が意外な振る舞いをしてしまう。そのことにヒッチは、スリリングな愉しみを見出していたのかもしれない。以後の作品をすべてグレイスで撮りたいとまで言っていたヒッチだったが、その女神をモナコのレニエ公にあっさり奪い去られてしまう。ヒッチをはじめたくさんの人々のラヴコールにもかかわらず、ついに彼女は銀幕の世界に戻ってくることはなかった。

犯人を先にバラしてしまうところは『刑事コロンボ』的な作品。元テニス選手のトニーは、その妻マーゴがマークという推理作家と関係しているのを知る。富豪であるマーゴとの離婚は、トニーに贅沢三昧の生活からの訣別を強いることになる。そこでトニーは旧友のレズゲイトに彼女の殺害を依頼して、その遺産を手に入れようとするが……。限定された空間、計画殺人、さらに電話、鋏、ストッキングなどの小道具の面白さに加え、この作品では鍵が、文字通り犯罪のキー・ポイントになっている。

ジェイムズ・スチュアートとグレイス・ケリーというヒッチ好みの二大俳優を配した一九五四年の『裏窓』は、ヒッチお得意のサスペンスとユーモアが渾然一体となった、彼の会心の作である。コーネル・ウールリッチの短篇小説を自由に改変したものだが、中庭を隔てたアパートを主人公の部屋からだけ眺め、カメラのレンズを覗く感覚で物語が進行する。主人公のジェフにとって、「覗き」というのは秘かな愉しみとなっているわけだが、脚を骨折して動けない彼は、外部で起こっていることを自分では直接には確認できない。そんな彼の手足となって活躍するのが、彼の恋人のリザと看護婦のステラ。原作では看護の男となっていたのを映画では、リザとステラに振り分けて、作品に日常の感覚を持たせている。恋人の方を売れっ子のファッション・モデルという設定にし、グレイス・ケリーが、一方、看護婦の方を実力派の性格俳優であるセルマ・リッターが演じ、華麗ななかにもユーモア感覚のあふれた場面を作り出している。各窓の住民もユーモラスで、それでいて生活にリアリティーがある。また音楽も、作曲家のピアノやラジオの現実音に限っているところなどは、一九四三年の『救命艇』などと通ずるところがある。この物語は水曜日の朝に始まり、土曜日の夜にクライマックスを迎え、エピローグとして翌日曜日をもって終わる。殺人を扱いながら死体が出てこないという点でも、これはヒッチ作品ではユニークな部類に属する。連続TVドラマとして日本でも人気があった「ペリー・メイスン」のレイモンド・バーが犯人役を好演している。

ときに覗きに使う望遠レンズには、向かいのアパートが映っている。ヒッチお得意の「レンズに映る景色」である。しかし、望遠レンズで遠くを拡大して見ることはできても、遠くの音を捕えることはできない。だから、ステラが運送屋のトラックを見に通りまで出て、リザとステラが花壇を掘り起こして何もないとジェフに知らせるとき、さらにリザが犯人の部屋に忍び込んで証拠の指輪を見付けたとき、いずれの時もジェフの耳には彼女たちの声は届かない。頼れるのは「目」だけという設定の面白さ。

脚を痛めてギプスをはめたカメラマンのジェフは、退屈しのぎに裏窓から向かいのアパートを覗き続けている。普通なら、本を読むとか、ラジオを聴くとか、恋人がいるのだから彼女と時間を過ごすとかするだろうに、ひたすら「見る」ことにこだわってしまうのはジェフがカメラマンであるからか。中庭を囲むアパートには、売れない作曲家やいつも男たちに取り囲まれているグラマーなダンサー、さらにミス・ロンリーハートとあだ名がつけられているハイミス、ブラインドを下ろしっぱなしの新婚さん、子犬をわが子のように可愛がっている中年夫婦、ちょっと太めでお節介やきの彫刻家の女、それに病弱の妻を抱えたセールスマンなどが住んでいる。

ある雨の夜、ジェフは、住人のセールスマンがトランクを持って家に三回も出入りするのを目撃する。翌朝、長患いをしているそのセールスマンの妻が部屋から忽然と消えた。ジェフはセールスマンが殺したと思い込むのだが。

昔、名うての宝石泥棒で、ナチス占領下のフランスでレジスタンスに協力していたジョン・ロビーは、警察からリヴィエラで頻発する夜盗の犯人に疑われる。無実の罪を晴らすため、ロビーは自らの手で犯人を捕えようとする。保険屋のヒューソンの協力を得て、まもなく金持ちの若いアメリカ人フランシス・スティーヴンスとその母親に出会う。フランシスはロビーの大泥棒としての評判に魅せられ、彼に恋心を抱いてしまう。犯人だと思っていたロビーが実は無実で、彼女も彼と一緒に本当の犯人を追うことになる。真犯人は、ロビーのレジスタンス仲間の娘ダニエル・フサールと判明し、その父親も泥棒で、ロビーの友情に付け込んで彼に罪をかぶせようとしていたのだった。

デヴィッド・ドッジの同名の原作小説を、軽いコミカルな犯罪物に変え、光あふれるフランスのリヴィエラでロケーションしたのがこの『泥棒成金』(一九五五年)である。この作品は一九五〇年代半ばに製作されたわけだが、当時は『ローマの休日』、『旅情』、『愛の泉』などのようにヨーロッパの観光名所を舞台にした映画の花盛り。ヒッチもその流行をうまく利用し、カンヌやニースの町並みや海岸をテクニカラーの技術を存分に生かして撮っている。多少ユーモラスな宝石泥棒を扱っているところなど、のんびりリヴィエラでの休暇を楽しんでいるヒッチを想像させる。

悲劇と喜劇は紙一重だが、『ハリーの災難』(一九五六年)は、ヒッチが本来悲劇的であるべき殺人というものの喜劇性を教えてくれた異色作である。シャーリー・マクレーンのデビュー作でもある。ヴァーモント州の楓の紅葉がまさに絵に描いたように鮮やかで美しい。冒頭、なだらかな丘陵が黄色や赤に色付いた風景が映り、キャメラがパンしていくと、草むらのなかに大きな靴底が二つ並んでいる。のどかな風景のなかのユーモラスな死。この死体をめぐっての村の住民の騒動の顛末をヒッチは上質なブラックユーモアを交えて描いている。『裏窓』、『泥棒成金』と次第にサスペンスのなかにコメディ的要素を加えていった後でこの『ハリーの災難』である。人間の死は客観的に見れば喜劇になりうる。伊丹十三の『お葬式』も本来は厳粛であるはずの人間の死にまつわる話が、実に滑稽に描かれていたことか。『お葬式』にもハリーのとぼけた死に顔のパロディが挿入されている。死をめぐるエピソードをコメディの側面からのみ捉えたらどうなるかという実験をヒッチはやろうとしたのだろうか。

こぼれるような紅葉の美しさを背景に、グロテスクな死体が何とも不似合いに転がっている。その死体を見ても村人は誰一人驚かない。単に取り除かれるべき物体として死体を描きながら、ヒッチはカフカ的な不条理の世界をもイメージしている。自分がハリーを殺したと思っている四人の人物が出てくるが、そのために三回もハリーは埋められたり、掘り出されたりする。それは悲劇というよりむしろ喜劇なのだ。そのユーモアの感覚はイギリス的なものである。舞台をアメリカでもアングロサクソン色の最も強いニューイングランドに設定したことにもそれは現れているし、キャストもイギリス及びアイルランド系が多い。シャーリー・マクレーンもアイルランド系の女優である。人間の死という不条理なものを扱いながら、善悪の観念を超越した映画といえるかもしれない。

ロンドンのアルバート・ホールで「ストーム・クラウド・カンタータ」の冒頭の一部を演奏しているオーケストラを背景にオープニングタイトルが現れるのは『知りすぎていた男』(一九五六年)。タイトルの最後にヒッチコックの名前が出ると同時に、シンバル奏者が立ち上がって楽器を構え、文字の消えるのを待ってこれを派手に打ちならす。そして字幕が入る。「このシンバルのひと打ちが、いかに平和なアメリカ人一家の運命をおびやかしたことか!」。ベン・マッケンナ一家はモロッコを訪れた際に、殺人事件に遭遇する。殺された男の今はの際の言葉を聞いたばかりに事件に巻き込まれ、七歳になる子供も誘拐されてしまう。男の残した「殺人……ロンドン……アンブローズ・チャペル」という言葉を手掛かりに、ベンとその妻ジョーはロンドンに向かう。やがて、某国の高官の暗殺計画が画策されていることを突き止める。暗殺を阻止すべく二人は満員のアルバート・ホールへ向かうが……。

ドリス・デイの「Whatever will be,will be」(ケ・セラ・セラ)はアカデミー主題歌賞をとっているが、この作品のサスペンスの重要な伏線になっている。「When I was just a little girl,…」(わたしがまだ小さかったとき)と始まるドリスのハスキーな歌声は記憶に新しい。『知りすぎた男』は、一九三四年にイギリスでヒッチが撮った『暗殺者の家』(これも原題は本作品と同じ)のリメイクであり、彼自身が同じ題材を二度映画化したのはこれだけである。主演のジェイムズ・スチュアートはケイリー・グラントと共にヒッチお気に入りの男優であり、『ロープ』(一九四八年)、『裏窓』(一九五四年)、『めまい』(一九五八年)などに出ている。「まったく特異でありながら、平凡」であり、良識ある市民の代表という役柄はゲイリー・クーパーやグレゴリー・ペックと近いが、ジミーの場合は非常に身近で庶民的な感じがする。むしろ、所帯染みた感じすらある彼のキャラクターにもうひとつ付け足すとすると、「やろうと思ったらとことん頑張りぬく頑固者」というイメージ。『スミス都へ行く』、『素晴らしき哉、人生!』、『甦る熱球』、さらに『グレン・ミラー物語』、『翼よ! あれが巴里の灯だ』という作品群を見れば、そのすべてがジミーの代表作であるだけではなく、ハリウッド映画史上の不朽の名作であることに今さらながら驚かされる。ヒッチは、こうしたジミーの「正義感の強い善人」というキャラクターを逆手にとって、その意識下にうごめく正義や善とは相反する邪悪な部分をも引き出すことに成功している。その点、セクシーなケイリー・グラントと好対照である。

ここでこの作品にまつわるエピソードをひとつ。ヒッチは大使を演じる俳優のイメージを決めるのに、スタッフに各国の実際の大使の写真を集めさせたらしい。作り手がいくら頭のなかで創造しても、結局は実在しないようなものしか生み出すことはできない。映画は「うそ」であり、その「うそ」を作り出すためには、現実から学ぶべきことは大きい。そのことをヒッチは一番良く知っていた。それは次の『間違えられた男』で改めて証明されることになる。

『間違えられた男』(一九五七年)は、風貌が犯人に似ていたために強盗に間違えられた男と、そのために精神に異常をきたす妻の物語である。ヒッチ張りのサスペンスであるが、ヒッチ作品中で唯一、実話を映画化したものである。冒頭のストーク・クラブの場面からして、ドキュメンタリー的な演出であり、作品にリアリティーを与えている。ヒッチは、マックスウェル・アンダースンが書いた「クリストファー・エマニュエル・バレストレロの実話」に基づき、実話通りに作品を進行させた。

ヘンリー・フォンダ演じるイタリア系アメリカ人のマニーが、警察によって保険事務所に押し入った強盗に間違えられ、容疑者として警察に拘留される。マニーが犯人だとする目撃者も現れ、筆跡鑑定でもクロとなり、ブタ箱に冤罪で放り込まれてしまう。漸くのことで保釈されたマニーであったが、妻は夫の受けている冤罪が自分のせいではないかと誇大妄想に陥り、精神に異常をきたしてしまう。ニューヨーク郊外の療養所に入所した妻の回復の見込みもたたずにいたところ、突然、「奇跡」が起こるのである。真犯人が登場してマニーの冤罪は晴れたが、妻が療養所を出て、一家とともにフロリダで幸福に暮らすようになったのはその二年後であった。

平凡な一市民が犯人にでっちあげられるという恐怖と悲惨。現実に起こった事件を扱ったということで、ニューヨークのロケもふんだんに取り入れ、社会性をも含んだ作品となっている。ドキュメンタリータッチにしようとして、オールカラーの時代に、わざわざモノクロームにしている点も、ヒッチの事実へのこだわりを表している。実際に事件の関係者に出演してもらったりもしている。例えば、妻ローズが入院していた精神病院やそこの医師たちも実際に画面に登場している。

刑事スコッティは、屋根の上で犯人を追跡中に足を滑らせる。彼は雨樋にぶら下り、墜落寸前になるが、それを助けようとした彼の部下は誤って滑り落ちて死んでしまう。スコッティはその事件を機に高所恐怖症になってしまう。また、部下を自分のせいで死なせたことで自責の念に駆られ、警察も辞めてしまう。そんな時、昔の友達から妻の尾行を頼まれる。彼は女の謎めいた行動に次第に惹かれていき、ついにはお互いに愛し合うまでになるのだが……。

この尾行するうちにその女を愛するようになってしまう男を描いたのが一九五八年の『めまい』である。冒頭、ソウル・バスによるタイトルバック。目を見開いた女の一部。すぐ目だけが拡大され、そこから渦巻きのように色とりどりの線が重なり合い、この映画の幻惑的なイメージが暗示される。その合間を縫ってクレジットタイトル。目まぐるしく変わるストーリー展開や、ヒロインの二重三重と重なる人物の構造(マデリン＝ジュディ＝カルロッタ)、教会の鐘楼の螺旋階段、キム・ノヴァクや肖像画のカルロッタに見られる渦を巻いた黒髪や、サンフランシスコの坂道で繰り広げられる二台の車の螺旋を描く走行、巨大なセコイヤの根株の数千年を経た年輪など、スコッティが感じる「めまい」を象徴するものが随所にちりばめられており、これらがモザイクのように集まり、観客の側にも「めまい」を惹き起こす構造になっている。そして、その全てが「恋愛により相手から受けるめまいのような感情」につながっている。

さて、この作品は前半と後半で作風ががらりと変わる。夢のように美しく妖しい前半部から、愛する者の妄執がグロテスクに露見する後半部へとそのトーンを一変させてしまう。ヒッチは気に入った女優がいれば、独占欲をあらわにし、ときには自分のカラーに染めようと様々な贈り物をしたらしいが、相手がその好意を拒否すると、彼は一転して激しい憎悪を燃やしたそうである。『鳥』（一九六四年）の主人公メラニーを演じたティッピ・ヘドレンに迫って、拒絶され、撮影中だった『マーニー』（一九六四年）への演出意欲をなくしてしまった話は有名である。以後、ヒッチはティッピを起用することはなかった。

この『めまい』という作品にも、そうした彼の隠れた嗜好が露骨に現れていないだろうか。ジェイムズ・スチュアート演じるスコッティは映画の後半、マデリンに一方的な愛を押しつけるが、自分が騙されていたことを知ると、今度は自分が他人の女を横取りしたことを棚に上げて、マデリンを試すために教会の鐘楼まで連れて行く。そして挙げ句の果てに、謝罪するマデリンを罵ってしまう。マデリンの苦しみなど微塵も理解せずに。こうした前半と後半の二面性は、監督自身の嗜好を表していると同時に、恋愛というものが持つ宿命をも感じさせてくれる。恋とは当の相手に惚れるのではなく、自分の作ったその相手のイメージに惚れることである。その意味ではこの作品は、高所恐怖症の映画でもなく、また犯罪映画でもない、恋愛映画の傑作なのである。作中、マデリンがスコッティに言う、「あたしを失った時、あなたは私への愛を知ることでしょう」という台詞は重い。

陰謀に巻き込まれた主人公が右往左往する話は、戦前の『暗殺者の家』(一九三四年)や『三十九夜』(一九三五年)、さらに戦後の『知りすぎていた男』などにもあるようにヒッチの定番である。ふとしたことから国際的なスパイ組織の陰謀に巻き込まれた男が、ニューヨークやシカゴなどアメリカ各地を追跡の手を逃れ転々としながら真犯人を追い詰めるという、息詰まる場面の連続なのが五〇年代最後の『北北西に進路をとれ』(一九五九年)である。最大の見せ場は、ケイリー・グラント演じるロジャーが大平原のなかのバス停に誘い出され、軽飛行機に襲われるシーンだろう。ヒッチはこうした追撃シーンにありがちな深夜の街角と対極にある、真っ昼間の大平原を選んでいる。この「コーン・フィールド・チェイス」と後世呼ばれることになる名場面はサスペンスとアクションの醍醐味を十分に堪能させてくれる。また、歴代大統領の顔の彫刻で有名なラシュモア山でのチェイスシーンも圧巻である。活劇の終わった後に寝台車のなかのケイリー・グラントとエヴァ・マリー・セイントの幸せいっぱいの二人にカットインする幕切れも鮮やかで洒脱。この作品タイトルは、ハムレットの次のようなセリフからとられている。「ハムレットの狂気は北北西の風の時に限るのだ。南になれば、けっこうもののけじめはつく、鷹と鷺との違いくらいはな」。「北北西」は、失われた方向感覚と予測がつかないプロットにつながるキーワードとなっている。

怖がらせるのと笑わせるのは共に、描く対象が問題なのではなく、対象をどう描くか、つまりいかに語るかにかかっている。サスペンスの中にあふれるユーモア感覚はヒッチの映画的話術の天才を象徴的に表している。一九五〇年代のアメリカは「赤狩り」の真只中。しかし、そうした暗い時代を尻目に、ハリウッドの豊富な資金力と、スター・システムの威力を存分に生かしてヒッチは絢爛たる作品群を紡ぎだしていった。この後、六〇年代に入ってもその勢いは衰えることなく、『サイコ』(一九六〇年)、『鳥』(一九六四年)とヒッチの快進撃は続くのである。

参考文献

筈見有弘+フィルムアート社編集『ヒッチコックを読む』(本の映画館/ブック・シネマテーク2)、一九八〇年、フィルムアート社
ヒッチコック/トリュフォー『映画術』山田宏一・蓮實重彦訳、一九八一年、晶文社
ドナルド・スポトー『ヒッチコック』(上・下二巻)勝矢桂子・長野きよみ・堀内静子・相原真理子訳、一九八三年、早川書房
筈見有弘『ヒッチコック』一九八六年、講談社現代新書
衛星映画マラソン365共同事務局編『外国映画ベスト200』一九九〇年、角川文庫
キーワード事典編集部「ヒッチコック　殺人ファイル」(「キーワード事典」朝までビデオ5)一九九〇年、洋泉社
衛星映画マラソン365共同事務局編『名画パラダイス365日』(外国映画編)一九九一年、角川文庫
文藝春秋編『ミステリー・サスペンス洋画ベスト150』一九九一年、文春文庫ビジュアル版
タニア・モドゥレスキー『知りすぎた女たち　ヒッチコック映画とフェミニズム』加藤幹郎・中田元子・西谷拓哉訳、一九九二年、青土社
大山真人『アルフレッド・ヒッチコック　偏執狂的サスペンス講座』一九九二年、メディアファクトリー
ドナルド・スポトー『アート・オブ・ヒッチコック』関美冬訳、一九九四年、キネマ旬報社
ロバート・A・ハリス&マイケル・S・ラスキー『アルフレッド・ヒッチコック』日笠千晶訳、一九九五年、シンコー・ミュージック
橋本勝『ヒッチコック・ゲーム』一九九八年、キネマ旬報社

［6］知られざるキューブリック

欧米文学におけるナボコフや日本文学における宮澤賢治が、特定のグループに属することなく言語表現の可能性を追求したように、キューブリックは映画史の中での特異な存在として映像表現の新しい可能性を模索し続けてきた。「犯罪映画」、「戦争映画」、「コメディ」、「SF映画」、「文芸大作」、さらに「歴史劇」、「スリラー」と常に前作とは異なったジャンルで、技術的にも類を見ない実験を繰り返してきた。そのキューブリックが遺作『アイズ　ワイド　シャット』を置土産として、謎の死を遂げてしまった。映画界のモーツァルトと呼んでもいい彼の作品群を一つのまとまったテーマの下に論じるのはきわめて難しい。作品を発表する度に、その先見性ゆえに物議を醸すことの多かった彼の映画人生は、いつも常識や偏見との闘いであった。同じものは二度と作らないというマンネリズムの対極にある姿勢を持ち続けたキューブリック。彼は一九七〇年に出版された「スーパースターとしての映画監督」の中で、ジョセフ・ジェルミスのインタビューに答えて次のように言っている。「エイゼンシュタインの偉大な業績は、そのショット、そして編集の美しくて視覚的な構成だ。しかし内容に関する限り、彼の作品は馬鹿げている。彼の映画の俳優は、木で出来ていて操られているかのようだ。私は時々、エイゼンシュタインの演出スタイルは、できるだけ長い間、彼の決めた構図を保って俳優たちをフレームの中に留めておきたい欲求から来たのではないかと思う。彼の俳優たちは、まるで水中にいるかのようにとてもゆっくり動く。興味深いことに、彼の作品の多くはスタニスラフスキーの仕事と同じ時期に作られている。実際、映画テクニックの比較に真面目な興味を持っている者は誰でも、エイゼンシュタインとチャップリンという二人の監督のやり方の違いを研究すべきだ。エイゼンシュタインは形(フォーム)がすべてで内容(コンテント)がない。チャップリンは内容で、形がない」。この内容と形の双方を極限まで推し進めたところにキューブリックの芸術はある。ジャン・コクトーが映画『オルフェ』のなかで、詩人が何をなすべきかという問いに、「驚かせよ」と応じているが、キューブリックの映画が公開されるたびに、われわれはその言葉を彼の人生に重ね合わせてきた。また、われわれは明確なものより当惑させるもの、つまり謎や寓意などに引き寄せられることが多いが、彼の魅力が、その不可解な謎や寓意にあることは、『2001年宇宙の旅』(一九六八年)や『時計じかけのオレンジ』(一九七一年)などを見れば明確であろう。

一九九九年七月、キューブリックの遺作である『アイズ　ワイド　シャット』が公開された。冒頭からどこかで聞いたことのあるメロディーが流れる。耳を澄ますと、それは一九八〇年のイギリス映画『エレファント・マン』（デヴィッド・リンチ監督作品）のテーマ音楽に似ている。どこかもの悲しくて、人間の深層を垣間見たようなメロディー。このオープニングとラストを飾るワルツは、実はショスタコーヴィッチの「ジャズ組曲ワルツ第二番」である。原作はユダヤ系のシュニッツラーの「夢がたり」（一九二五年発表）。彼は十九世紀末から二十世紀にかけて活躍したオーストリアの作家であり、同時代を生きたフロイトの世界を題材に作品を書き続けた。彼の作品には他にもマックス・オフュルスなどが映画化した「輪舞」などがあり、シュニッツラーの世界はワルツとは縁が深い。そういえば『２００１年宇宙の旅』でも、ヨハン・シュトラウスのウインリ・ワルツが流れていた。仏教の輪廻思想にも通じる愛の輪舞を遺作としたキューブリックも、シュニッツラー同様ワルツを必要としたのかもしれない。さて、『アイズ　ワイド　シャット』では、原作のフリドリンとアルベルティーネはそれぞれ、ビルとアリスに置き換えられている。シュニッツラーは医学を学び、開業のかたわら作家活動をした。フロイトは、「夢は一個の願望充足である」と言ったが、シュニッツラーは、夢が無意識のうちに隠している人間の偽善と欲望を巧みに描いている。キューブリックは原作の味わいをそのままに現代に設定を移している。

一見、幸福そうに見える医師のビルとその妻アリスが、一人娘を預けて、ビルの患者であるヴィクターが主催するパーティーに出掛ける。アリスはシャンパンに酔ったあげく、初老の紳士に言い寄られる。一方、ビルはモデル風の二人の女の子にまとわりつかれたり、急性麻薬中毒の一糸まとわぬ女性の治療に呼ばれたりする。パーティーから帰った二人は鏡の前で激しく愛し合う。ここで、クリス・アイザックの「バッド・バッド・シング」が流れる。しかし、次の夜、ベッドでマリファナを吸いながらくつろいでいた二人に諍いが起こる。原因はアリスの「あの二人とファックした？」という一言だった。それから話は次第にエスカレートしていき、アリスは昔、不倫をしたいと思ったことを告白する。それを聞いていたビルは嫉妬に駆られる。

やがて、ビルは自分の患者である老人の死を知らされる。そして、その遺族の娘から愛を打ち明けられる。それを振り切って夜の街に飛び出すと、娼婦から声をかけられたりする。彷徨を続けるビルは学生時代の同級生がジャズピアニストをしているクラブに入る。そこでその友人の口から、郊外の邸宅で、秘密のパーティーが開かれるという話を耳にする。真夜中過ぎに貸衣装屋を叩き起こし、タキシードとフード付きのマントと仮面を借りて、パーティーに潜入する。パスワードはベートーヴェンの歌劇「フィデリオ」。この黒魔術的なパーティーで、ビルはこれまで味わったことのない死の恐怖を味わう。幸運にも無事に、パーティーの会場を出たビルだったが、パーティーの謎解きに奔走するうちに、次第に死の影が忍び寄る。ビルはやっとの思いでアリスのもとに帰ってくる。憔悴しきったビルが目にしたものは、アリスの眠る横に置かれた、自分がパーティーで被っていた仮面だった。

性への欲望は死と隣り合わせであり、それはキューブリック自身の死への欲動、あるいは強迫観念と確実に重なる。だから、トム・クルーズが仮面パーティーに出たりすることで死に近付いていくと、バックにモーツァルトの「レクイエム」が微かに流れる。仮面パーティーの描写は、モーツァルトへ鎮魂の曲を依頼した仮面の男を想起させる。それはわれわれを死へと誘う。クレジットの一番最後のところに何気なく書かれた「the end」の文字は、この映画の終りを意味すると共にキューブリック自身の死をも暗示している。エンドマークがことさら大きく画面を占めるのではなく、クレジットの終わりの添えものとして記されること自体が、仰々しさの対極にあるキューブリックの死を象徴してはいないだろうか。人の死も大自然の営みの中においては、些細なことなのかもしれない。だから、自然の中の点景として自分を位置付けることが、その帰結として出てくる。夢と現実との境界がときに取り払われ、乗り越えられてそこにある。われわれが現実だと思っているものが実は夢だったり、逆に夢だと思っているものが現実だったりする。映画のなかでトム・クルーズ演じるビルを死へと誘う旧友のナイチンゲールは、鳥の名でもあり、キリスト教ではこの鳥は死期が近付くと、夜明けと共に歌い始め、だんだんと声を美しくしながら九時までには死ぬと言われている。ナイチンゲールは死のイメージであって、ベートーヴェンの「フィデリオ」とともにビルを死へと導いていく。死への欲動が映画全体に漂い、無意識の領域に取り込まれていくビルとアリス。作品中確かに性的な描写は多いが、どれも卑猥な印象からは程遠いもので、キューブリックの醒めた眼を背後に感じさせる。『時計じかけのオレンジ』で彼が試みた暴力と性の表現は、今回の遺作でも踏襲されているが、主観性を排したことにより、逆にその本質を抉り出している。「正直に話すよ」という言葉が、ビルの口から聞かれるが、虚偽と妄想に取りつかれた人間が正直になることは難しいだろう。自らを語る行為の中に本来的に潜む虚偽性は、原作者のシュニッツラーもその作品群の中で表現し続けているわけだが、それを摘発するのではなく、むしろそのままに提示することで、曖昧の領域を形作っている。それはわれわれの心の有様そのものであり、妙な辻褄あわせに堕することなく、われわれが置かれている現実を背後からくっきりと浮かび上がらせている。どんなにきわどい場面からも、それを見守るキューブリックの冷静な、それでいて鋭い眼差しが感じられる。

『バリー・リンドン』で試みたような蝋燭の下で撮影はないが、今回も特別な撮影用のライトは少ないようだし、室内での場面を撮る場合も画面に映し出された照明以外は使っていない。つまりノー・ライティング。陰影に富んだニコールやトムの横顔は彼らの心の襞を繊細に表現している。だから、日常の光の中で繰り返される彼らの会話の数々はリアリティーを持っているし、さしずめ、この作品は「愛のドキュメンタリー」とでもいえるだろう。無意識の欲動に揺れ動く夫婦の不安や焦燥を巧みに描いていて、フロイトの「夢判断」の世界を思わせる。ラリった挙げ句のニコール・キッドマンの卑俗性、妻への嫉妬に駆られながらも他の女へとは向かいきれないトム・クルーズの優柔不断さ、それはわれわれの意識の底に眠る欲動へとつながる。

『アイズ　ワイド　シャット』という映画のタイトルは文字通りに訳すと、「目をしっかり閉じて」ということになろうが、倦怠期を迎えつつある夫婦にとって、お互いに目をつぶり合うことは危機脱出の方法のひとつとなるだろう。相手の行動を「アイズ　ワイド　オープン」に、つまり、目をしっかりと見開いていたのではお互いに、不安と嫉妬に駆られてしまう。男は観念、つまり言葉に惑わされるらしく、妻のアリスの一言で嫉妬に苦しむビル。死と隣り合わせの逃避行の中で、妻への愛情に再び目覚めたビルの浅薄な言葉よりも、妻の現実主義的な一言、「ファックしよう」が見る者に説得力を持っている。この妻の一言にビルの淡い幻想は打ち砕かれてしまうが、夫婦の仲を修復するために大切なことは、平凡な日常の中にしかないことをわれわれも気付くことになる。

それにしても最後の場面で、ビルが目にした自分がつけていた仮面は、何を意味するのだろうか。シュニッツラーの原作では、女中か妻が見つけ、不審に思った妻が、ある意図をその仮面に託して夫の眠る妻のすぐ隣りのビル自身の枕の上にあった月光を浴びた仮面は、誰がそこに置いたのか。シュニッツラーの原作では、女中か妻が見つけ、不審に思った妻が、ある意図をその仮面に託して夫の枕の上に置いたことになっている。ところが、映画では誰が仮面を見つけ、枕の上に置いたかはっきりしない。いずれにせよ仮面をとったビルは、素顔を見せてしまったことになるが、その彼が見せた素顔はキューブリック自身のものだったかもしれない。キューブリックは今までさまざまなジャンルで、新しい映像実験を繰り返してきた、つまり仮面の奥に素顔を隠して創造活動をしてきたわけだが、この最後の作品に至ってその仮面を脱ぎ素顔を見せてしまったのではないだろうか。しかしその事も、仮面がビルの枕の上に置かれていた謎と共に夢の中にあって、確かめようのない事実である。

キューブリックにとって芸術作品は過去と未来との対話であり、そこから現在、つまり人生は排除されている。七年戦争(一七五六〜一七六三)を背景とする、サッカレーの小説を映画化したのが『バリー・リンドン』であるが、キューブリック作品においては、以前から十八世紀に対する偏愛が見られる。塹壕戦の殺戮と強いコントラストを生む壮麗で豪奢な『突撃』の城の大広間や『ロリータ』で銃弾の雨を受けて死ぬキルティの前にあったゲインズバラ風の肖像画。さらに『2001年宇宙の旅』のラストに登場するロココ風の室内など。どれもキューブリック作品における十八世紀の特権的位置を確認できるものばかりである。こうしたキューブリックの「光の世紀」への傾倒は、死ぬまで彼がナポレオンの生涯を映画化する夢を持ち続けたことにも現れている。影絵芝居や光学を利用した玩具は十八世紀に非常に大きなブームを迎えたが、それが錯覚の研究の始まりとなり、この研究を最も高度に推し進めたのが実は映画なのである。

十八世紀は情熱と理性が出会う時代であるが、この二つはキューブリック的世界の軸でもある。理性は啓蒙期の哲学や建築の中、そして科学技術の誕生や自動人形に対する興味の中に現れる。また、理性は知の征服を目指す百科全書派の途方もない企てにも見られるが、キューブリックにもさまざまな分野を組織的に探求するための百科全書派に連なる方法論的な関心が見出される。ジャン・スタロビンスキーが指摘するように、「この理性的な十八世紀の当初から理性の理論家は、詩や美術の領域の中に情熱の絶対的な支配があることを認めていた」、さらに、「この時代が常に拠り所としていた規則は魂の快楽であって、それはシンメトリーを俯瞰する快楽、多様性とコントラストの中で絶えず新しいものになっていく快楽である」。狂気と紙一重の知性で、認識の領域を合理的かつ偏執狂的に探求するキューブリックの絶えざる活動は、常に満たされることのない情熱がその糧となっている。だが、『博士の異常な愛情』や『2001年宇宙の旅』が明らかにしているのは、純粋な合理性は最後には非合理性に行き着く可能性があるということである。事実、ストレンジラヴ博士もコンピューターのHAL9000も最後には狂気に陥り錯乱してしまう。理性と情熱は情け容赦もない戦いを繰り返すわけだが、「狂気の中には方法ばかりか歴史的真実の断片もある」というフロイトの言葉を信頼すれば、こうした一見不毛とも思える戦いにも豊穣な実りがあるのかもしれない。

『バリー・リンドン』も、こうした情熱と理性との不幸な関係を描いている。作品中、ナレーターも次のように言っている。「バリーは社会的地位を得るには十分の知能を持って生まれたが、それを保ちえない人々に属していた。というのも、当初の目的を達成させるようにと人間を導く特質とエネルギーは、あとでそれを喪失させる原因になるからである」。キューブリックの作品においては、主人公は隙のない戦略で事を進めていくが、その戦略ゆえに足を掬われてしまう。『現金に体を張れ』のギャングたちが考えた綿密な計画は、最後の瞬間に破綻し、強盗で得られるはずの成果を手にすることはできない。『突撃』では失敗に終わるしかない攻撃から、特別軍事法廷、見せしめのための銃殺へと続くなかで、ミロー将軍は当てにしていた昇進も果たさず自殺に追い込まれる。また、『ロリータ』では、どんなにキルティがハンバートを追い掛け、ロリータを使って騙そうと、結局は彼は自分の犠牲者の手に掛かって死ぬのである。こうした失敗の原因は、キューブリック的な明晰な理性が妄想的な情熱家でもあるところから来ている。キューブリックが熱愛したナポレオンが、理性の女神が情熱と結婚して破滅する十八世紀とフランス大革命の後継者であったことも、あながち偶然とはいえないだろう。

厳密に演出することで特定の文化的背景を消し去ること、この場所性を超えたところに自分の映像世界を構築したキューブリック。普遍性を保ちながらも、個別の現象への深い洞察を内包している彼のスタイルは、その生涯の大半をホームドラマを作ることに費やした小津安二郎のものと似ている。小津の代表作である『東京物語』は、尾道からはるばる東京まで、自分の子供たちを訪ねていったある老夫婦の話であるが、尾道にしても東京にしてもはっきりとその町を象徴するショットがきわめて少ない。その二時間を超える上映時間のかなりな部分が東京での老夫婦の滞在に当てられているが、東京とわかるのは、辛うじて、老夫婦が戦死した次男の未亡人紀子とともに乗る「はとバス」くらいのものだろう。もちろん、その車窓から皇居や銀座が見えてもそこにカメラがとどまることはない。タイトルは『東京物語』となっているが、都会らしい風情が感じられれば東京でなくても横浜や名古屋や大阪であってもいいわけで、その意味では場所の限定性が弱い。都会と田舎という図式に象徴される、日本社会のどこにでもあるドラマが展開されている。大都会の象徴としての東京、そして地方都市の象徴としての尾道。カメラをごく低い位置に据えるロー・ポジションにこだわり、畳が目に付かない角度で撮った小津は、畳に象徴される「日本」を避けている。確かに日本ではあるが、日本を超えた何かが頭をもたげている。そうした空間の演出法には、『ロリータ』で現代を、『2001年宇宙の旅』で未来を、『バリー・リンドン』で過去を、記録映像のように厳密に再構成したキューブリックのスタイルと通底する何かがある。アベル・ガンスの『ナポレオン』を批判する時、キューブリックはナポレオンの日常が描かれていないことをその理由の一つに挙げた。英雄としてのナポレオンが全面に出すぎて、彼が単なる偶像としてしか登場して来ないことに、キューブリックは不満だった。ナポレオンが実際に生きた時代の息吹を観客に伝えず、一個の人間としての彼の日常を抹殺することで、ガンスは空疎なナポレオン像しか創出できなかった。日常を細かく捕えていくことで、その人物が生きた時代をも再現できるし、そのことによって、個々の描写の総合がある普遍性を持つに至ることを誰よりも知悉していた小津とキューブリック。二人は人間の日常性に終生こだわり続けた。そのことが二人の映画に、国や時代を越えた普遍性をいまも与え続けている。

『バリー・リンドン』では、蝋燭の明かりだけで夜の室内シーンを撮って話題になったが、その薄暗い室内で燃える炎は冴えて冷たい光を放っている。電灯のない当時にあっては、蝋燭の明かりは暗闇を照らすだけではなく、暖かさを感じさせるものとしても利用されていたはずである。蝋燭を囲む人たちの顔を照らす炎は、その場にいる人を結びつける作用すら持ち得た時代にあって、この冴えた冷たい光は一体何を意味するのだろうか。それは、どんなときも熱狂することのないキューブリック自身の冷静沈着な視線、研ぎ澄まされた鋭い観察眼を持った峻厳な科学者の目を象徴してはしまいか。フーガを弾くオルガニストが、湧き上がる興奮を抑えながら演奏を続けるように、キューブリックの目は抑制された冷たい輝きを保ちながら、今もわれわれの意識下の欲望を照射し続けている。

参考文献

ジャン・スタロビンスキー『自由の創出　十八世紀の芸術と思想』小西嘉幸訳、白水社、一九八二年
アントナン・アルトー『演劇とその形而上学』安堂信也訳、白水社、一九八三年
「月刊イメージフォーラム〈キューブリック〉」一九八八年四月増刊号、ダゲレオ出版、一九八八年
浜野保樹『キューブリック・ミステリー『2001年宇宙の旅』論』福武書店、一九九〇年
「キネ旬ムック　フィルムメーカーズ⑧スタンリー・キューブリック」巽孝之責任編集、キネマ旬報社、一九九九年

[7]ゴジラ映画の光と影

はじめに

一九五四年にアメリカが南太平洋で水爆実験を行ったことは、日本人には深刻な影響を及ぼした。新藤兼人はこの実験の放射能灰をあびた日本の漁船の乗組員が放射能障害で死んだことをセミ・ドキュメンタリー的に再現した『第五福竜丸』を作ったし、黒澤明は放射能の灰の被害の一番届きにくいところに逃げようとする男の悲劇である『生きものの記録』を撮っている。さらに、インドネシアとの合作映画のプランを持って南太平洋を飛行機で飛んだプロデューサーの田中友幸は、水爆実験の衝撃によって海底に眠っている古代の恐竜のような怪獣が、目を覚まして東京に襲ってくる、という物語を思いついた。それはクジラのように巨大で、ゴリラのように恐ろしいものでなければならない。こうして『ゴジラ』は誕生した。

もちろん、この発想は『キングコング』(一九三三年)を見た世界の特撮王、円谷英二の夢を叶えることになる。日本版『キングコング』を作りたいという円谷の長年の夢が実現に向かって動きだした。コング映画が完全な娯楽作品として作られたのに対して、『ゴジラ』は核開発をやめない人間たちへの警告、いや復讐の意味合いすら持っていた。今でこそコング映画は文明批判の一翼を担っているが、それはもともとの製作動機からは遠く隔たったものであり、むしろ「未開と文明」という紋切型のテーマを面白おかしく味付けしたものだったにちがいない。だからといってコング映画の価値は揺らぐことはない。「コマ落とし」という今となっては古典的な技法によって、臨場感あふれる画面を作り出したキングコングの功績はやはり不滅のものだろう。しかし数作でコング映画は終わりを告げる。同時期に作られたターザン映画が、シリーズ物として大ヒットしたのと好対照である。

こうしたコングにしろ、ターザンにしろ、最初は人間の文明社会へのアンチテーゼとして登場している。ゴジラもそうした伝統に則ってはいるが、核実験への抗議という性格が時代的にもそれ以上に強かった。ただ、こうした初期のゴジラ映画の性格も次第に失われて、自己矛盾を起こしていったことは、ゴジラ映画の流れを見れば一目瞭然である。反文明のシンボルとして画面に登場したゴジラも、いつの間にかコング映画と同じ末路を辿っていくことになる。かわりに登場した再生『ガメラ』の健闘は光るものがあったが。ハリウッド版ゴジラも迫力はあり、「ゴジラは核の落とし子」という設定は踏襲してはいるものの、ゴジラ誕生の主因が、自国の核実験からフランスの核実験に変わっていることなど、アメリカのエゴむきだしの部分があることは否めない。それにあれは怪獣ではなく恐竜であり、その意味では『ジュラシック・パーク』の延長線上にある。やはり何といっても一九五四年の『ゴジラ』が全てなのである。だが日本のゴジラは自壊してしまった。新たな発想での「ゴジラ」の再生を期待したい。伊福部昭のゴジラ・マーチを始めとする音楽は、ゴジラの恐怖をいやが上にも増していたはずである。

ゴジラ映画変形譚

ゴジラ映画は東宝のドル箱としてシリーズ化され、一九六四年の第四作目の『モスラ対ゴジラ』以後ほぼ毎年、ゴジラ映画がスクリーンを飾ることになる。それは一九七五年の第十五作目の『メカゴジラの逆襲』まで続く。このシリーズ化と平行して一九六六年一月、TBSで「ウルトラQ」放映開始。さらに同年七月には、同じく「ウルトラマン」を開始する。大映でも一九六五年の『大怪獣ガメラ』(湯浅憲明作品)を皮切りとしてガメラシリーズが始まり、松竹までも一九六七年に『宇宙大怪獣ギララ』(二本松嘉瑞作品)を撮るといった具合で、六〇年代の日本は空前の怪獣ブームに沸いた。ただ、第五作目の『三大怪獣　地球最大の決戦』あたりから、善玉に移行したゴジラが次第に子供たちの人気を勝ち取っていくとともに、第一作が持っていた反核のテーマは次第に薄れていった。

このゴジラの悪玉から善玉への変身は、若い観客への迎合以外の何物でもないが、ゴジラが、自分を悪の化身として攻撃していた人間たちへの復讐をやめてしまったことは、以後の物語に破綻を来す元凶となっていく。自分の生死を賭けて人類のために戦うゴジラは悲壮感すら漂うようになっていくが、ゴジラ以上に、何の恩義もないのにわれわれを最初から助けてくれたのは何といってもガメラである。ガメラは当初から子供の味方として登場し、「ひばり児童合唱団」による主題歌までついた、完璧な子供向け作品としてスタートしている。ただ何を好んで人類のために、倒れても倒れてもガメラは戦うのか。このことは「ウルトラマン」にもいえるわけだが、ウルトラマンは三分という制限時間内に相手の怪獣を倒さなければならないという宿命を背負っている。三分というのはもちろん、お湯を注いで三分で出来上がりの、あのチキンラーメンの影響だろうが、いつも、カラータイマーが点滅する三分ぎりぎりのところで相手の怪獣を辛うじて倒して、空に帰っていく。だが、ゼットンのために、ウルトラマンは最後には死を迎えることになる。そこまでして異星人のウルトラマンが、地球を守らなければならない理由は一体何なのか。そんなものはあるはずがない。怪獣との死闘が終わると後片付けもせず、すぐ帰ってしまうウルトラマンは、相手の怪獣と同じように破壊のシンボルとしての側面を常に持っている。これはゴジラ映画の場合にも当てはまるのだが、怪獣同士の戦いの後は、まさに空襲後の惨状を想起させる。破壊という観点からすれば、善玉も悪玉もその罪を免れることはできないはずだ。

相手の怪獣と戦いたいという生物学的本能にでも従ってウルトラマンはやってくるのか。ガメラやウルトラマンが、果てはゴジラまでもが、自らの生命を賭けて、わけもなく人類を救う。そして、彼らが助けに来てくれるのを待つしかない無力なわれわれ人間というテーマは、それ以後のウルトラマンシリーズの中で確実に生き続けることになる。また本編と特撮部分があって初めて怪獣映画は完成する。だから、円谷が担当した特撮部分だけでは怪獣映画はできないわけだが、その点では、一九五四年版『ゴジラ』において本編を担当した本多猪四郎監督の評価が、特技監督の円谷に比べ、あまりにも低いのが気になるところである。さらに製作の田中友幸はゴジラの発案者であり、陰に陽に円谷たちを援護したその功績は計り知れない。ローランド・エメリッヒによるハリウッド版『GODZILLA』はこの田中友幸に捧げられている。

エメリッヒの戦略

エメリッヒは一九九六年に『インデペンデンス・デイ』という作品を撮っている。アメリカのクリントン大統領が絶賛したという触れ込みで日本公開されたのも首肯けるほど、作品の中でホイットモア大統領を演じたビル・プルマンはクリントンに似ている。七月四日のインデペンデンス・デイ、つまりアメリカの独立記念日に、米大統領の指導の下、人類は史上最大の作戦を開始する。大統領自ら飛行機を操縦し敵に立ち向かうに至っては、現大統領への「ごますり」以外に考えられないストーリー展開であり、カッコ良すぎる大統領、アメリカ万歳映画そのもので見るに堪えない。アメリカの独立記念日と人類全体の「独立記念日」を重ねるに至ってはナショナリズム丸出しである。物語は七月二日に始まる。早朝のニューメキシコ。宇宙センターで衛星アンテナが奇妙な音をキャッチする。報告によると、質量が月の四分の一もある巨大な物体が地球に接近しつつあるという。やがて、その正体が異星人の宇宙空母であることが判明し、突然人類への攻撃が開始される。七月三日、すでにワシントン、ニューヨーク、ロサンゼルスなどの都市は廃墟と化し、地球滅亡の危機が迫っていた。アメリカ大統領は人類の存続をかけて宇宙船への核攻撃を決行するが、失敗に終わる。そして七月四日の総攻撃となる。異星人の登場するシーンは、スピルバーグの『未知との遭遇』の引き写し、あるいはパロディであり、何ら珍しい手法は見られない。また、ミサイルを打ち込み、事を終わらせようとするところなどは、『GODZILLA』の最期とも重なり合い、人間の驕りの象徴でもある。

一方、一九九八年に製作された『GODZILLA』は日本の偉大なるプロデューサー、田中友幸の思い出に捧げられているのでもわかるように、自壊した、本家日本のゴジラへのオマージュである。ただ日本のゴジラが恐竜からヒントを得たとはいえ、この世には実在しない怪獣であるのに対し、ハリウッド版『GODZILLA』は、歩き方から行動様式まですべて恐竜のイメージを持続させていて、絶滅したと信じられているが、どこかに存在するかもしれないロスト・ワールドの恐竜といった趣が強い。だから、日本のゴジラが無敵で何度も復活してくるのに対して、アメリカのGODZILLAは空軍のミサイル二発で息の根を止められてしまう。実在しないものは殺せないし、不意にその姿を現したにしても、実在するものは殺すことができるということだろう。一九九五年の『ゴジラVSデストロイア』(二十二作目)で一応の幕を閉じた日本のゴジラ史は、三年後にアメリカで再開されたが、双方のゴジラはあまりにもその理念が異なっていた。一九五四年の

『ゴジラ』がアメリカの核実験をその発生の起源としているのに対して、一九九八年の『GODZILLA』はフランスの核実験にその原因を求めていることで、巧みに責任転嫁を図っている。そのうえ、フィリップというフランスの諜報部員まで登場させ、自国の核実験が生み出した怪獣を始末させようとするなど、アメリカの威信回復をねらった仕掛けが実に多い。またニューヨークの街を猛スピードで駆け抜けるアメリカの『GODZILLA』には、もう伊福部昭のゴジラ・マーチは似合わない。アメリカ空軍が『GODZILLA』をミサイルで始末してしまうところなども『インデペンデンス・デイ』のエイリアン退治と酷似している。監督の国家主義的野心に裏打ちされた両作品に観客はだまされてはいけない。

ゴジラの造形

ゴジラは恐竜をもとに造形されているが、あくまでも虚構の怪物である。ハリウッド版GODZILLAが、アメリカ空軍の二発のミサイルで最期を遂げるのに対して、日本のゴジラはオキシジェン・デストロイヤー(水中の酸素破壊剤)という架空の武器で、白骨化して溶けてしまう。ハリウッド版の方は、虚構の怪物としてではなく、まさに実在した恐竜そのものとして描かれていて、スピルバーグ的世界の延長線上にあるからこそ、架空のものではないミサイルという武器でゴジラの息の根をとめるのであり、それは現実にありうることとして描かれている。アメリカでは、キングコングの場合もそうだが、巨大化したその体躯はともかく、実在したものの延長線に造形がなされている。しかし、日本の場合は田中友幸の製作意図にも表れているように、水爆実験への抗議として、現実の世界を超越する神の怒りを象徴するものとしてゴジラが登場してくる。だから、人知を超えたゴジラという存在を抹殺するのにミサイルなどという実在する武器は使えない。現実にはありえないオキシジェン・デストロイヤーなればこそ、ゴジラと対峙できる。神の怒りはとどまるところを知らない。破壊につぐ破壊を繰り返しながら、ゴジラという荒ぶる神は魔王のごとく、人間に襲いかかる。また、ゴジラが神である限り死とは無縁であり、たとえ一時的に死んだように見えても必ず再生してくるわけで、その点は日本のゴジラの歴史を見れば一目瞭然である。このような事情があるからこそ、往年のゴジラ・ファンはＧＯＤＺＩＬＬＡに違和感を抱いてしまうのではないか。恐竜とは似て非なるものとしてのゴジラの中には、恐竜にはない、神の視点が見え隠れしている。ＧＯＤＺＩＬＬＡが動物的本能を強く持った存在としてわれわれ人間の前に現れるのと好対照である。

核に対する考え方においても、原爆を落とされた国と原爆を落とした国との意識のずれを、日米双方の画面から観客は感じることができる。核を人間がコントロールできないものと見なし、それに対して拒否反応にも近い対応をする日本と、核を人知の及ぶ範囲内で、あくまで人間がコントロールできるものとして描くアメリカとの姿勢の違いが、それぞれの映画の構成に明確に表れている。日米の比較となれば一九五三年、すなわち『ゴジラ』の公開の一年前に封切られたアメリカ映画『原子怪獣現わる』（*The Beast from 20,000 fathoms* が原題であり、「海底二万尋から来た巨獣」とでも訳せよう)について触れなければならないだろう。この作品は、『ゴジラ』の企画構成段階で田中友幸が参考にしたことでも有名である。水爆実験の影響で北極の氷河に眠っていた一億年前の恐竜レドサウルスが目覚める。レドサウルスは海を渡り、灯台を襲い(レイ・ブラッドベリの名作「霧笛」を彷彿とさせる)、ニューヨークに上陸し、真昼の都市をパニックに陥れる。人間を食い、ビルを破壊して進撃する。火炎を吐くなどの特殊な武器は持たないが、その血液に大量の放射能が含まれており、出動した軍隊は、バズーカ砲によってレドサウルスを負傷させるものの、流れ出た血液の放射能で隊員が次々に倒れていく。血液を飛散させないため、爆発する火器類の使用ができない。最後にラジオアイソトープ弾を傷口に撃ち込んでレドサウルスを倒すという展開である。全体的に明るいムードで、会話も洒落ているこの作品に対して、『ゴジラ』は、核に対する憎悪に満ちた重い主題を引きずった作品となっている。

ゴジラに込めた本多猪四郎の野心

当初、ゴジラ映画は白黒で始まり、第三作目の『キングコング対ゴジラ』からカラー作品になった。一九五四年の『ゴジラ』では白黒の映像に加えて、ゴジラの登場が主に夜間ということで、明確なゴジラの全体像がつかめないまま、観客は探偵小説でも読んでいるような謎解きの呪縛に捕えられてしまう。『GODZILLA』でも「恐竜」はなかなかその全身を現すことはない。「ゴジラ」シリーズはカラー化され、画像が鮮明になると、ゴジラの登場も早くなり、全体像も意外に早く把握できるようになるが、特撮に不可欠なピアノ線が不意に見えてしまい、幻滅させられることがあるのも事実である。暗い夜の闇に紛れて、おぼろげにしか見えない「悪の化身」は、戦時下の空襲を想起させ、さらに日本にとってはアメリカとの戦争の再現という意味合いも加わり、封切り当時の日本人の恐怖感も並大抵のものではなかったと思われる。それは、監督の本多猪四郎が長いこと戦地にあって修羅場をくぐり、幸運にも帰国したが、被爆地広島を通過した際、草木も茂らぬ黙示録的世界を垣間見たことも影響しているだろう。彼は従軍していたため、当時既に『羅生門』や『七人の侍』などで有名になっていた同期の黒澤明などに遅れをとっていた。ヴェネチア映画祭でグランプリをとった『羅生門』に続き、衣笠貞之助の『地獄門』がカンヌ映画祭でグランプリをとるといった具合に、日本映画は質、量ともに黄金時代を迎えていたが、その中で、まだゲテモノ趣味だと思われていた怪獣映画の監督を引き受けるということは、その後の監督生活を危機にさらすことにもなりかねなかった。それを承知で本多猪四郎が監督をやったのは、やはり彼の戦争体験のいたすところだろう。もちろん、同期の黒澤に対するライバル意識が働かなかったとはいい切れないが。

そうした本多の姿勢がプロデューサーの田中友幸の反核の姿勢とうまく合致して、ゴジラ映画実現へと歩を進めることになる。ゴジラという名称は、ゴリラとクジラという巨大生物を合体させたものであるが、ガ行、ザ行、そしてラ行からゴジラという音は成り立っている。ガ行やザ行の音が、何となく聞く者の心に引っ掛かり、不安な感じを残すのに対して、最後の「ラ」という音は、バサラ、カルラ、アシュラなどの仏教の用語に由来していると考えられる。バサラはクビラ、メキラなどとともに、薬師如来に従う十二神将の名前であり、カルラ、アシュラは八部衆と呼ばれる眷属の仲間である。共に仏法守護を司る「天部」の一族で、もともとは古代インドで崇拝されていた神々が、仏教の中に組み入れられていったものである。とすれば、やはりゴジラは神か。学術的な生物としての怪獣ではなく、大戸島に古くから伝わる伝説上の怪物として『ゴジラ』の中では紹介されているが、山根博士の命名も、この伝説に従っている。神仏の響きを持つこの「ラ」という語尾の音は、何か得体の知れない、畏怖すべき存在に対する名前として、絶妙のネーミングといえるだろう。恐竜の名前をそのまま使えば、語尾は「ザウルス」とか「ドン」とかになるところだが。こうした日本的なものへの徹底したこだわりが、逆に、海外にも受け入れられる普遍性を持った作品へと『ゴジラ』を変容させたわけだが、昨今、欧米に迎合するような映画が多い中で、『ゴジラ』の存在は傑出したものである。ゴジラは天災のごとく人類に襲いかかり、深い闇を引きずって進む死の影そのもの、荒ぶる神だった。

付記

この論考は、エメリッヒの一九九八年の『GODZILLA』までを扱っている。しかし、筆者のゴジラ映画に対する基本的な考えは、現在に至るまで大きく変わってはいない。

参考文献

『東宝特撮映画全史』田中友幸監修、東宝株式会社、一九八三年
『円谷英二の映像世界』山本眞吾編、実業之日本社、一九八三年
『ゴジラの論理』小林豊昌、中経出版、一九九二年
『ゴジラ映画クロニクル、一九五四〜一九九八　ゴジラ・デイズ』冠木新市企画・構成、集英社、一九九八年
『ゴジラ生物学序説 SUPER STRINGS サーフライダー21』ネスコ／文藝春秋、一九九二年
『ゴジラとヤマトとぼくらの民主主義』佐藤健志、文藝春秋、一九九二年
『グッドモーニング、ゴジラ　監督　本多猪四郎と撮影所の時代』樋口尚文、筑摩書房、一九九二年
『ゴジラの謎』高橋敏夫、講談社、一九九八年
『ゴジラとは何か』ピーター・ミュソッフ、（小野耕世訳）、講談社、一九九八年
『怪獣神話論』八本正幸、青弓社、一九九八年
『日米ゴジラ大戦「ポップ・カルチャー・クリティーク3」』切通理作ほか、青弓社、一九九八年
『ニッポン・ゴジラ黄金伝説』宝田明、扶桑社、一九九八年

[8]宮崎駿のアニメーション

宮崎駿の実家は飛行機工場だった。戦時中は軍需産業の一環として結構羽振りが良かったらしい。国民のほとんどが窮乏生活を余儀なくされていた時代に、楽な生活をしていたという負い目は、宮崎にいまも重くのしかかっている。しかし、飛行機への憧れは彼の視点の高さに現れる。一九九二年の『紅の豚』などは飛行機そのものが主人公であるが、そうでなくても彼の独特の視点の高さは、やはり特筆に値する。『風の谷のナウシカ』(一九八四年)の空中戦における戦闘機の質感。また『天空の城ラピュタ』(一九八六年)は文字通り、天空に浮かぶ城ラピュタが舞台であり、『となりのトトロ』(一九八八年)ではネコバスは空を飛ぶ。あるいは一九八九年の『魔女の宅急便』では、新米魔女のキキが箒に乗って空を駆ける。どれも高いところから俯瞰する眼差しを感じさせる作品となっている。画面狭しと飛び回る姿は、観る者に躍動感と解放感を与える。

宮崎作品には女の子、それも元気がやたら良くて、ときには魔力を持っている女の子が多く登場する。不思議な親和力と洞察力を持つ伝説の少女・ナウシカを始め、トトロと出会うサツキとメイの元気のいい姉妹。サツキはもちろん「五月」から、メイは英語のＭａｙからと、ともに新緑に包まれ、これからすくすくと育っていくだろう二人の若さの象徴として五月のイメージが重ね合わされている。それに対して男の子は、概して添え物にすぎない。ないしは引き立て役となっている。行動力があり、男の子を凌駕する判断力を持った女の子の登場は、時代の要請と見事に合致して大ブームを巻き起こしていった。『千と千尋の神隠し』(二〇〇一年)については別に論じる必要があろう。

ただ、いずれにしても宮崎作品に共通するのは、ヒロインが大なり小なり苛酷な運命を背負わされていることだ。『カリオストロの城』(一九七九年)のクラリスや『風の谷のナウシカ』のナウシカ、さらに『天空の城ラピュタ』におけるシータのように家族を亡くしたり、あるいは『パンダコパンダ』(一九七二年)のミミ子や『となりのトトロ』のサツキとメイのように家族の誰かが欠けていたりということが少なくない。その結果、少女たちは自立することを余儀なくされる。そのことが彼のヒロインたちに力を与えている。それまでの元気が良くて行動力のある男の子というイメージから脱皮して、こうした女の子の像を創り上げたのは、現況を考えると、やはり宮崎に先見の明があったということだろうか。

さらに宮崎作品の三つ目の特徴は、背景が綿密に描かれていること。もちろん、水木しげるや、つげ義春などの数少ない例外はあるとしても、それまでは、人物の描写に比べてその背景は極めて雑なものであった。例えば、『となりのトトロ』で、サツキたちが田舎に引っ越して行く際に見る小川の川面は、きらきら光り、せせらぎすら聞こえてきそうな臨場感にあふれていた。宮崎作品以前のアニメが実写に比べて見劣りがしたのは、こうした精密な背景描写を怠ってきたことが大きい。

四つ目の特徴はテーマの面白さと現代性。宮崎駿は、現代が抱える環境問題や青少年の自立などのテーマを、あるときは時代を遡って、またある時はメルヘンタッチで表現することで、たくさんのファンを獲得してきた。ただ、メッセージ性が極めて強く、映像の力を相殺しているとの批判もあることは確かだ。その点、宮崎の僚友の高畑勲の作品は飛躍が少なく、日常性に根ざしている。それは、高畑自身が宮崎と違ってアニメーターではないことも影響しているのかもしれない。

そして五つ目の特徴はぶよぶよした肉。醜悪な肉塊がリアリティーを与える。『風の谷のナウシカ』の巨神兵、『もののけ姫』のタタリ神や『千と千尋の神隠し』のカオナシ、さらに『ハウルの動く城』の魔女などの醜悪な肉の塊が画面に現実感を与え、アニメーションを実写と拮抗するものにしている。肉塊の奇怪さと不気味さは、現実には生理的嫌悪感を催させるわけだが、映像化することでグロテスクなものが可愛いものに変容していく過程を、最近の宮崎アニメはわれわれに見せてくれる。小津安二郎が「まがいもの」の映画の中に、とても演技しているようには見えない「偉大なる大根役者」笠智衆を使い続けたのは、映画にリアリティーを与えるためだったのでは。宮崎におけるグロテスクなものの挿入も小津とは角度は違うが映画にリアリティーを与えている。

ここで具体的に宮崎の代表作のひとつである『となりのトトロ』を取り上げてみよう。

テレビがまだ普及していなかった昭和三十二年頃の日本を舞台に、塚森に住む不思議な動物トトロたちと、サツキとメイという姉妹の交流を中心に物語は展開する。考古学者の彼女らの父、サナトリウムで静養中の母、純情な少年カンタ、その優しいおばあちゃん、さらに風のように疾走するネコバスなどが脇を固める。

カメラはあくまでも子供たちの目線に据えられ、大人との歩幅の違いまで丹念に計算されて描かれている。さらに宮崎は、それまでのアニメーションが避けてきた樹木や草花を正確に描写すること、風土や季節感を表現することなどを新たに追求し、観る者に懐かしさを感じさせる日本の風景を描くことに挑戦した。彼自身、「国籍不明の作品ばかり製作してきて、日本にできた借りを返したかった」と製作動機を語っている。

しかし、表面にあらわれた日本の風景の裏には思いもかけぬヨーロッパの精神が息づいていた。あのよき昔、半世紀以上も前の田園風景の中に何が隠されているのか。それを知るには、フランスの作家ジャン・ジオノの『木を植えた男』という作品をまず読まなければならない。

ジオノの『木を植えた男』はきわめてシンプルな構成をとりながら、人間の尊厳を深く追求した作品だ。ブフィエという老人が誰にも知られず、南仏の地に木を植え続け、不毛の地をついに肥沃の地に変えたというストーリーなのだが、この老人が最初に植えた木というのが実はどんぐり(正確には柏)の木なのである。

宮崎の盟友、高畑勲はこの『木を植えた男』に感銘を受け、翻訳までしている。高畑は東大仏文出の監督でフランス語にも堪能であった。そうした友から宮崎がこのブフィエ老人の話を聞いたであろうことは想像に難くない。トトロという架空の生物を中心においたこの作品を撮るまでに、この二人は名コンビとして、すでにさまざまな作品を世に送り出していた。

ここでまた『となりのトトロ』に戻ろう。トトロの好物はなぜかどんぐりということになっているが、一夜にしてサツキたちが植えたどんぐりがぐんぐん大きくなって行く様子は、このアニメーションを観た者には忘れられないシーンである。こうしたどんぐりへの宮崎のこだわりには、先のジオノの『木を植えた男』の影響が色濃く見られるのは、ふたつの物語を比較してみればすぐわかることなのだ。

では、どんぐり(正確には柏)はいかなるイメージを伴い、何の象徴なのか。キリスト教文化圏の国々の伝統の中では、柏の木の下で休らう旅人は神に守られている人間のシンボルであり、どんぐりには聖なるイメージが常につきまとう。だからこそ、ブフィエ老人は不毛の地を豊かにしただけではなく、神の行為をなしたといえるのかもしれない。

トトロの場合についても同じことが言えそうである。トトロは誰にでも見えるわけではなく、子供にしか見えないのだ。日本では子供は天からの授かりもので神性を帯びている。トトロは不可視の超自然的なものとして、つまり神に近いものとして描かれているからこそ、どんぐりが好きなのだろうし、子供たちをそれとなく守っているのだろう。身近にいる存在としてのトトロ(タイトルも『となりのトトロ』だった)が実は聖性を帯びた一面を持ちうるのは、まさにトトロの好物のどんぐりが持つキリスト教的神性のためなのである。日本的風景のなかに潜むヨーロッパのキリスト教の伝統、それにわれわれが気付くことで、このトトロの物語は東西をつなぐ架け橋ともなるのだ。それは『となりのトトロ』の冒頭で引越し先の新しい家の前でサツキたちが目にする巨大なクスノキが日本の神木であるのと呼応する。クスノキは日本では神社とか校庭の真中に植えられている。サツキたちの借家を、現実にはクスノキが覆い、夢の中ではどんぐり（柏）が覆っている。そして実はトトロはこの巨大なクスノキに住む架空の生物なのである。

洋の東西の交流の接点としてのトトロ。それは宮崎作品に多い飛翔のテーマ、高い視点からの設定とともに、文化や人種の違いを超えた視座を観る者に与える。「子供たちを喜ばせる映画」を目指して製作されたこの作品は、予想をはるかに上回る大人をも惹き付けることになった。ただ、その懐かしい日本の風景を過去のものとせず、未来への希望へとつなげることができたらと切に願う。

付記

『木を植えた男』はカナダのフレデリック・バックによりアニメーション化されている（一九八七年作品）。バック監督はジオノの原作を読んで深い感銘を受け、映像化を思い立った。そして約五年半かけて製作を完了したが、そのために彼自身が描いたスケッチは、完成動画としてだけで二万枚にものぼるという。このようなバック監督の絶えざる営みには、ブフィエ老人の姿を彷彿させるものがある。

「宮崎駿のアニメーション」中、『となりのトトロ』と『木を植えた男』の関連については、「トトロの秘密」(『敍説』XVI、花書院、一九九八年二月、六九頁)と題した随分前の拙文の中で既に論じている。

参考文献

『木を植えた男を読む』高畑勲(訳・解説)、徳間書店、一九九〇年
ジャン・ジオノ『木を植えた男』山本省訳、彩流社、二〇〇六年
アト・ド・フリース『イメージ・シンボル事典』山下主一郎主幹、大修館書店、一九八四年

[9] 黒澤明とシェイクスピア

先年亡くなった黒澤明は外国文学を翻案した作品をいくつか残している。本稿では特に、シェイクスピアとの関係で黒澤の映画の分析を試みたい。黒澤は一九五七年に、「マクベス」を基に『蜘蛛巣城』を撮り、一九八五年には「リア王」を下敷きに『乱』を作っている。『蜘蛛巣城』はポーランドのシェイクスピア学者ヤン・コットをしてシェイクスピア悲劇の映画化作品中、最もシェイクスピア的であると言わしめ、国際的にも高い評価を得た。黒澤は二作品とも、裏切りと野望を繰り返していた日本の戦国時代を舞台に選んでいるが、それはまさに、シェイクスピアがジェイムズ一世の治世下で、「リア王」や「マクベス」を書いていた時期とほぼ重なる。一六〇三年に殺戮を繰り返したエリザベス一世が亡くなり、スコットランド国王ジェイムズ六世がジェイムズ一世としてイギリス王位に就いた時期であり、日本でも戦乱の下剋上の世から、徳川家康の手による安定した幕藩体制への移行期にあたる。黒澤作品は共に能の様式を基礎に作られており、クローズアップはほとんど使われていない。従来のクローズアップを多用する黒澤流の映画術から、フルショットとロングでの撮影へとその方法的な変化を見せている。黒澤が能と同じように、全身の動作で感情を表すように演出したため、激情場面でもカメラは人物に寄ることはなかった。『乱』の最後で、盲目の少年鶴丸が出てくるが、その扮装も動きも見事に能の様式になっている。能は戦乱の時代に創造された演劇であり、生きて欲望を追求することの空しさを、死者の側から批判する内容を持っている。戦乱の世の無常を達観するのに適切な形式がそこにはあるわけで、権力欲の渦巻く映画の中にあって、戦うことを一切放棄した鶴丸が、燃え落ちた古城の石垣の上にじっと佇むラストシーンは黒澤の面目躍如たるものがある。シェイクスピアの原作の台詞をほとんど使わずに、シェイクスピアの世界を再現するという不可能事に挑んだ黒澤だったが、結果的に原作を映画化したもののなかで最高の評価を受けているのは、原作と映画の関係を考えるときにある示唆を与えてくれる。文化の違いを超えて、ある普遍的な要素を捉えることで、原作の持つ精神を再現すること、そしてそれを超えることの可能性を黒澤作品はわれわれに示しているのではないか。黒澤における外国文学の影響を考える際には、シェイクスピアの他に大きな柱としてロシア文学がある。ドストエフスキーの同名の小説を映画化した『白痴』、トルストイの「イワン・イリッチの死」から着想を得た『生きる』、ゴーリキーの同名の戯曲の忠実な映画化である『どん底』、さらにウラジーミル・アルセーニエフの「シベリアの密林を行く」、「デルスウ・ウザーラ」を基にした『デルスウ・ウザーラ』などがある。しかしそれについては他日の筆者の課題としたい。

原作と映画

原作と映画というのはある意味では不幸な関係にあり、原作を忠実に映画化しようとしても映画の上映時間はせいぜい二、三時間であり、原作の持つ深みに迫ることは至難の業である。また既に原作を読んでいる者にとっては、ついつい原作との照合だけで、映画そのものの評価をしてしまいがちである。一方、映画を見てから原作を読むという場合もあるが、これはこれで映画の印象が強ければ強いほど原作の読み方を限定することになろう。とにかく、原作と映画との関係は昔から良くない。ただ原作の構造を換骨奪胎して、原作の登場人物や場面を大幅に入れ替えることで成功した映画もないことはない。シェイクスピアなどは映画化された作品数だけ単純に比較すればダントツの世界一だろう。ただヨーロッパの長い伝統の中では、原作から離れることに作る側も見る側も抵抗が強い。お膝元のイギリスのみならず、他の欧米諸国でも事情は同じであろう。そこに黒澤の作品が加わることになる。「マクベス」を翻案した『蜘蛛巣城』は、ポーランドのシェイクスピア学者のヤン・コットをして、シェイクスピア悲劇の映画化作品中、最も普遍的で、ある意味では最も忠実で、最もシェイクスピア的であると言わしめ、シェイクスピアの映画化作品中最もすぐれ、その精神において最も正確な作品だと考えている映画関係者たちもまた多い。英訳タイトル *The Throne of Blood* をそのまま日本語にすれば、「血の玉座」となる。また、「リア王」の翻案である『乱』(英訳タイトルも *Ran*)も、鬼気迫る仲代達矢のリア、壮絶な合戦シーンともに、国際的に高い評価を得ている。欧米とはことばも文化圏も異なるアジアの小国で作られた黒澤作品が、これほどまでにシェイクスピアの世界を再現してみせてくれるとは、誰が予想しえたであろうか。これからこの二作品を中心に、シェイクスピアと黒澤の作品の構造を検討していきたい。

黒澤の『蜘蛛巣城』

黒澤の『蜘蛛巣城』は、舞台をスコットランドから日本へと移す。時は戦国時代。城主都築に仕える武将の鷲津武時は、勝ち戦から城に戻る途中、三木とともに迷路のような蜘蛛手の森のなかで迷い、物の怪から将来の出世を約束される。城主になれるとの予言を信じ、妻の浅茅にもそそのかされて鷲津は都築を殺害してしまう。三木も鷲津を支持し、鷲津は三木の子を養子にする。しかし、妻の懐妊を知った鷲津は三木父子の暗殺を図るが、息子を打ちもらし、妻浅茅は死産してしまう。物の怪の言葉だけを頼りに城に立て篭もった鷲津だったが、予言は次々と裏切られ、隣国の乾(いぬい)と手を結んだ都築の遺子、国丸らに攻め滅ぼされる。全編を通して能の様式を用いて撮影した異色作。能と同じように、全身の動作で感情を表すように演出したため、クローズアップはほとんど使わず、フルショットとロングで撮影した。激情場面でもカメラは人物に近寄らない。これは従来の演出とはまるで異質なやり方なので、スタッフもカメラマンも戸惑ったらしい。数少ないアップショットでは、浅茅役の山田五十鈴の顔が能面のように見えるように、メイクや照明を工夫した。ラストで、雨のように降り注ぐ矢から逃げる鷲津役の三船の、恐怖に怯える顔は、どうやら演技ではないらしい。流鏑馬の師匠の人たちが、本当に、三船に向かって矢を射たということだ。

シェイクスピアの「マクベス」

一方、シェイクスピアの原作である「マクベス」は次のように展開する。時は中世。スコットランドの武将マクベスは三人の魔女から、将来はコーダの領主、さらには国王にまでなれると予言される。その直後、コーダの領主に任じられたマクベスは予言を信じ始める。やがて妻にもそそのかされ、国王が自分の城に泊まったのに乗じて暗殺し、自ら王座につく。バンクォーの子孫が王になるという魔女の言葉に怯えたマクベスは、バンクォー父子に刺客を差し向ける。だが、子供は逃げのびてしまい、宴会の席でバンクォーの亡霊を見てしまったマクベスの苦悩は一層深まる。再び予言を求めるマクベスに魔女は、マクダフには用心しろ、マクベスは女から生まれた者には負けない、バーナムの森が動かない限りは滅びないと語る。マクベスはマクダフの城を攻め、妻子を皆殺しにするが、マクダフ本人はすでに先王の子マルカム王子のいるイングランドへ逃れた後だった。イングランド軍が城に迫り、配下の者の脱走が相次ぎ四面楚歌のマクベスのところに、夢遊病にかかり、妄想に取りつかれていた妻の死の知らせが届く。さらに、バーナムの森が動きだしたとの報告が入る。マルカムの軍が、切り取った森の木を手に進軍してきていることをマクベスは知らない。女から生まれた者には負けないとの予言を頼りに戦うマクベスは、マクダフが母親の腹を裂いて取り出されたと聞いてあわてる。予言の二重性を思い知らされたマクベスはとうとう討ち取られる。スコットランドにはマルカムが国王として即位する。

映画と原作との比較

ここで映画と原作の登場人物を比べてみよう。

〔映画〕	〔原作〕
鷲津武時	マクベス
妻浅茅	マクベス夫人
老婆の姿の物の怪	三人の魔女
嫡男国丸	マルカム、ドナルベイン
三木義明	バンクォー
三木義照	フリーアンス
小田倉則保	マクダフ
都築国春	ダンカン
乾	イングランド国王

能の様式の採用

黒澤の映画には能の様式が随所に取り入れられていることは先に触れたが、黒澤本人が評論家佐藤忠男のインタビューに次のように答えている。

佐藤：能からどういう影響を受けていますか？

黒澤：一般に西洋のドラマは人間の心理とか環境とかから人間像《キャラクター》をつくりあげてゆきますが、能は違うのです。能には、まず面《マスク》があり、それをじっと見ていて、そこからその人間になってゆくのです。演技にも型があって、その型を忠実にやっているうちに、何者かがのり移ってくるわけです。ですから私は　俳優たちに、それぞれの役にふさわしい能のマスクの写真を見せて、この面がきみの役だと言ったのです。鷲津武時（マクベス）を演じた三船敏郎には、平太《へいだ》という面を見せました。これは武将の面です。三船は主君を殺せと夫人に言われる場面では、その面とそっくりの表情をしてみせました。浅茅（マクベス夫人）の山田五十鈴には曲見《しゃくみ》という面を見せました。これは、もう若くはない美人で、狂乱状態になる直前の女の姿です。この面をつける役は、狂乱状態になると、目が金色になっている面につけ変えます。その面は、この世のものでない執念にとりつかれた状態を表わすものですが、マクベス夫人もそうなるのです。マクベスに殺されて後に亡霊になって出てくる武将には、中将という貴族の亡霊の面がふさわしいと思いました。森のなかの魔女は山姥《やまんば》という面です。

佐藤：能は非常に動きの少ない演劇です。ところが黒澤さんは非常に激しい動きを好むことで有名です。黒澤さんはなぜ能を好きなのですか？

黒澤：人々が、能は静か（スタティック）で動きの少ない演劇だと思っているのは誤解です。能にはものすごく激しいアクロバットのような動作もあるのです。人間がどうしてあんなに激しく動けるのかとびっくりするほどです。そういう動作のできる役者が、その動きをかくして静かに演じるのです。静かさと激しさが同居しているのです。スピードというものは、ある時間がいかに充実しているかということです。能にはそういう意味でのスピードがあるのです。（『シェイクスピアと映画』ロジャー・マンヴェル著、荒井良雄訳、一四七〜一四八頁、白水社、一九七四年）

また能の評論家の戸井田道三は「能　神と乞食の芸術」の中で次のように書いている。

「映画『蜘蛛巣城』が能をとりいれているのは、われわれにはたいへん見やすいことだ。マクベス夫人にあたる山田五十鈴が、すり足で歩いたり片ひざ立てて坐ったりするところがそうだし、マクベスにあたる三船敏郎が主殺しを決行するため別室にさり、山田五十鈴がひとり不安と期待とに部屋を行ったりきたりする時の伴奏は能の囃子だ。予言をする魔女のいるのが『黒塚』の作りものの中だし、まわしている糸車もそうである。殺された武将たちの扮装は、みんな二番目修羅能の後シテと同様に法被・半切をつけている」

当時の築城術は迷路のようになっている森を利用しているものがあり、つまり蜘蛛の巣のように攻めてくる者を捕えてしまう城というところから題名もつけられている。鷲津武時が戦いを終え、三木と連れ立って帰城の途中、蜘蛛手の森に踏み迷い、妖怪の変化たる老婆に出会う場面はその一例で、なにやら不気味な唄を口ずさみながら糸を紡ぐ老婆の姿と、そのあばら家の作りは、謡曲「黒塚」などに見られる情景をそのまま模倣したともいえる装置である。また、主君暗殺のくだりに武時の妻浅茅が眠り薬を混ぜた酒を支度する場面の暗部の使い方、槍を引っ提げて主君の寝所に押し入った武時を待ちながら、その首尾はいかにと、浅茅がその野望の進行に心ときめかすあたりの囃子を取り入れての描写など能舞台を想起させる。

浅茅を演じた山田五十鈴は、真っ白なメイクに無表情の顔という静の演技。それは、動としての三船の演技と好対照を成す。ほとんど顔色を変えずに夫の心を見透かす表情には鬼気迫るものがある。原作でマクベスがバンクォー暗殺を企てる動機も、黒澤は、浅茅が妊娠の事実を武時に伝えることで明確にしている。また、刺客が三木の息子を取り逃がすと、不安を募らせて死産してしまう。その説明を極めて省略した映像表現は、象徴的な単純化を本質とする能の手法とつながる。その後、終盤になって突然、着物が掛かった屏風の向こうで、狂ったように手を洗っている浅茅が登場するが、その、眉を八の字にして恐怖に怯える表情は、前半の無表情な印象と対極にあり、その落差が効果的である。

批評家のマックス・テシエはテーマばかりではなく、演出面についても言及している。「『蜘蛛巣城』は、黒澤において、人物の感情や取り扱いそのものに対する演出の至高を示している。そしておそらくこのことが、『蜘蛛巣城』が日本における以上に西洋で好まれた理由なのである。日本では、こうした〈純粋なテクニック〉に屈しているということで、まさに『蜘蛛巣城』は非難されたのだった。……黒澤芸術の頂点に立つ彼の演劇的で美的な洗練さの度合は、オーソン・ウェルズの『マクベス』の素朴な残酷さに匹敵するものであり、中井朝一の見事な写真によるコントラストの強い色調の中で、シェイクスピア的運命の暴力性をよく表現している」。

円環構造

また、黒澤作品もウェルズ作品同様に、冒頭の場面と終わりの場面が同じ場所になっている。しかし、魔女の立つ岩山が画面上方から下方へと位置を変えているウェルズ版『マクベス』に対し、『蜘蛛巣城』は、最初も最後も霧のなかに崩れた石垣が散在し、蜘蛛巣城趾と記された杭が寒々と立っている。霧が晴れると城の威容が忽然と現れる。ちょうどそれと反対に、城に霧がかかり、やがてそれが晴れると、城趾を示す杭と石垣の残骸だけになって、映画は終わる。どちらも「昔も今も変わりなし」と謡のような調子で締め括る。つまり始めと終わりが結び合わされた円環構造になっている。主君殺しもそれ以上に繰り返される。マクベスにあたる鷲津は城主を殺すが、その城主もまた先の城主を殺したことになっているし、主君殺しは大逆だと叫びながら鷲津が殺されていく時、謀反と城取りがすでに三度繰り返されていることになる。主君を殺してでも城を取ろうとするのは、鷲津だけではなかった。まさに下剋上の世の中なのである。

裏切りと野望は繰り返される。城主暗殺の際に蜘蛛巣城にいた三木は、城主の息子の国丸と家臣の小田倉則保らに矢を射かけ城には入れない。自分の子孫が城主になるという物の怪の言葉を信じる三木は、下心もあって鷲津に手を貸す。一方、国丸と義照は鷲津への兵を挙げるが、どちらも次期城主への野心をみなぎらせ、自分の力を誇示して相手を牽制する。この映画では、誰でも折あらば一国一城の主になろうと夢み、誰もが人を疑い、そして裏切る。それは戦国の世の習わしであった。主人殺しは繰り返し行われる。シェイクスピアがこの作品を書いた時、日本は戦国時代だったことを考えれば、マクベス的な情況はどこにでもあり、円環構造を作りながら殺戮を繰り返していたのである。

シェイクスピアの原作の背景

こうした下剋上の風潮はイギリスや日本だけにとどまらず、昔からどんな国でも王位をねらって血なまぐさい戦いが繰り返されてきた。ではマクベスはなぜかくも悪者なのだろうか。その理由を探るには、まずシェイクスピアの原作が書かれた背景について考えてみる必要がある。

「マクベス」は、スコットランド王室の実話を基にして作られた戯曲である。作品の舞台となった十一世紀のスコットランドといえば、ばらばらに勢力を広げていた部族が一つの王国に統合された時期にあたる。そのスコットランド王国を作り上げたのがダンカン王(ダンカン一世)。日本で乱世を統一して天下を取った織田信長の時代に似ている。そして、物語の展開どおり、ダンカンの次にはマクベスが王位につき、さらにダンカンの子孫マルコム三世が王位を継承する。その後、アイルランドに逃げたフリーアンス(バンクォーの息子)の子孫がスコットランド王となった。シェイクスピアが作品を書いた十六世紀はスコットランド王室の血筋を引くジェイムズ一世が、イングランド王になった時期。つまり、イングランド王であり、バンクォーの子孫であるジェイムズ一世が、シェイクスピアの戯曲を観る、ということになる。シェイクスピアが作品の中で、マクベスを弁護するような危険な賭けに出なかったのもうなずける。

シェイクスピアが主に参考にしたのはラファエル・ホリンシェッド著「イングランド、スコットランド、アイルランド年代記」（改訂版、一五八七年）であるが、いくつかの箇所で変更を加えている。まず、ホリンシェッド版では、バンクォーが王殺害の際にマクベスに加担するが、シェイクスピアの芝居ではバンクォーは最後まで君主に忠誠を貫く。またホリンシェッドの作品では、ダンカン王は残虐で専制的な王であるが、「マクベス」ではキリストや天使のイメージと重なる善き王として描かれている。ホリンシェッド版ではマクベスが王位についた後、十年あまり善政を行ったことになっているが、シェイクスピアはこの箇所は削除している。また、シェイクスピアのダンカン王は、人格はいいが家臣を掌握することはできない、政治的には能力の乏しい支配者である。それに対してマクベスは、知勇兼備のすぐれた武将である。マクベスはダンカン王の従弟にあたり、当時のスコットランドの王位継承が必ずしも長子相続ではなかったことを考えれば、充分、王位が狙える位置にいた。ところが彼の期待に反して、ダンカンは王位継承者として、長男のマルカムを指名してしまう。そこで一気にダンカン王暗殺へとマクベスは向かうことになるのである。

3という数字の象徴的意味

黒澤の映画では、鷲津をそそのかす森の中の妖婆は一人だが、原作では三人である。西洋的な伝統では、3というのは神秘的な数字。つまり三位一体。父と子と精霊の三つの相を表す。神話では天界を司るゼウス、海を支配するポセイドン、冥界の主ハデスなどである。さらに地獄も三つの相から成っていて、地獄の番犬ケルベロスは三つの頭を持ち、夜の女神ヘカテーは三つの体を持ち三叉路に現れ、冥界の裁判官は三人であり、サタンは三つ叉の鉾《ほこ》を持っていた。そうした伝統をふまえて魔女は三人ということなのだろう。

この映画が、無韻詩の原作から限りなく離れ、しかも「マクベス」の映画化作品のなかで最もすぐれたものであるという逆説が成立するのは、映像の芸術である映画が、ある意味では、言葉の芸術である演劇を超えたことを意味するのではないだろうか(無韻詩とは、十六世紀に起こり、マーローやシェイクスピアなどの劇作家や詩人たちの劇詩や叙事詩でよく用いられた、行末で韻を踏まない詩型。その後ミルトンの叙事詩「失楽園」(一六六七年)に受け継がれ、キーツなどにも影響を与えた)。

黒澤の『乱』

さて『乱』と「リア王」に移ろう。まず黒澤の『乱』だが、この作品も意匠を凝らした幕や屏風を背景に置き、その前に人物を配している場面が多く、カメラがそれを引きでとらえている。確かに一枚の絵のような美しさはあるが、俳優の表情さえ判然としない引きの映像は、二階席から舞台を観ているようなものであり、われわれを熱狂させた黒澤のクローズアップはほとんど見られない。『乱』の場合、「リア王」の翻案ではあるが、戦国時代の毛利元就の逸話として知られる「三本の矢」の例え話も巧みに盛り込んでいる。つまり、毛利元就が晩年に、三人の息子を集め、一本一本の矢は簡単に折れるが、三本まとめると一人では折れないと、三人が協力して毛利家を守り立てていくように諭したという故事をベースに、黒澤はその三人の息子がこの教訓を守らなかったらどうなるか、という問い掛けの下に映画をスタートさせる。リアにあたる一文字秀虎の三人の息子のうち、上の二人の息子の嫁はどちらも秀虎によって父親を殺されている。これはシェイクスピアの原作にはない視点であり、そのことで映画は後半ドラマチックな展開を見せる。原作が三人姉妹であるのに、黒澤は三人兄弟に読み替えているわけだが、骨肉相食む戦国時代という設定からは、その方が後継者争いの血なまぐささが出やすかったのではないか。そして、スタッフの一人に「能作法指導」として能の金春流の本田光洋が起用されているのでもわかるように、この作品でも『蜘蛛巣城』同様に能の様式が採用されている。原田美枝子演じる「楓の方」のメイクアップは、神や霊の乗り移った女に使われる増髪《ますかみ》という能面をモデルにしてなされているし、彼女が鉄修理《くろがねしゅり》に切られる場面は、息をつめ、左を見る時には右の頬骨で、上を見る時には顎で、という能の演技にならっている。また、秀虎が嵐の中で発狂して、かつて自分が滅ぼした人々の亡霊に苦しめられる場面では、ピーター扮する狂阿彌《きょうあみ》が同じ状況の「船弁慶」という謡曲をもじって「あら不思議や荒野を見ればわが手に滅びしあまたの一門……」と謡い、そして舞う。終盤、野村武司（現在の野村萬斎）演じる鶴丸がただひとり城跡の石垣に佇む場面には、黒澤は「邯鄲《かんたん》の空下り」という能の様式で演出している。武司の父親の万作も狂言指導としてスタッフに参加している。

一文字家が滅亡し、復讐を果たした楓の方も、そして末の方も死に、ただひとり残された鶴丸が真赤に染まった風景の中にひとり佇む。戦いの後のわずかな静寂。それはまた繰り返されるであろう戦乱の間《はざま》のしばしの救いかもしれない。目の見えない鶴丸だけが残されるということでこれからの苦難も予想されるが、それ以上に、戦乱に明け暮れる人間たちを見なくていい存在として鶴丸を残すことで、黒澤はわずかな希望を見出している。威容を誇った城も、そこで血を流しあった人間たちも、鶴丸を除いて全て消え去り、舞台には夕焼けと血の色を合わせたような鮮血の空が映える。

さて『乱』の物語は次のように展開する。戦国の武将一文字秀虎が老いて、三人の息子に家督を譲ることにする。一の城を長男の太郎に、二の城を次男の次郎に、そして三の城を三男の三郎に与えることにするが、三郎だけは喜ぶどころか、危険で愚かなことだと父秀虎を批判する。怒った秀虎は三郎を追放して、部下たちを連れて一の城に住むが、太郎とその妻楓の方は秀虎を城から追い出してしまう。楓の方は秀虎から滅ぼされた一族の娘で、一文字家への復讐を秘かに誓っている。居場所のなくなった秀虎たちは次郎のいる二の城へ行くが、秀虎ひとりだけなら引き受けるという無理な条件を出され、そこも出ていくことになる。秀虎とその部下たちが三の城へ行くと、ただちに太郎と次郎は共謀して三の城を襲い、秀虎の部下たちを殺してしまう。この戦いの最中、主の出世を目論む次郎の側近の手で太郎は狙撃され絶命する。狂気に陥った秀虎は、炎上する三の城の天守閣から出てきて、敵軍のなかを歩いて荒野に消える。次郎は太郎亡き後の一の城に入るが、楓の方に誘惑されてしまう。彼女はまず次郎に、妻の末の方を殺させる。一方、隣国の武将の婿になっていた三郎は、次郎のいる一の城を撃破し、次郎も討ち死にする。こうして一文字家への復讐に成功した楓の方であったがそれを知った次郎の家来に殺されてしまう。三郎は荒野をさ迷っていた秀虎を見つけ救うが、敵の狙撃で死ぬ。一文字家の崩壊の後、遠く崖の上にただ一人、次郎の妻であった末の方の弟鶴丸が、この世の無常を見据えるように立っていた。

シェイクスピアの「リア王」

一方、シェイクスピアの「リア王」はどうだろうか。ブリテン王として君臨してきたリアには、ゴネリル、リーガン、コーディリアという三人の娘がいる。八十歳を超えた王はある日、「王国を三人の娘に分け与え、自分は一切の政務から離れる」と言って「自分に対する愛の大きさに応じて領土を分け与える」ことにした。これを知ったゴネリルとリーガンは心にもないお世辞を言ってリアを喜ばせるが、本当にリアを愛しているコーディリアは心の内を言葉にしない。これがリアの逆鱗に触れ、忠臣ケントの進言も空しく、コーディリアは追放されてしまう。持参金のない自分を受け入れてくれたフランス王の下に嫁ぐことにし、彼女はブリテンを後にする。だが、リアを待っていたのは上の二人の娘の裏切りであった。ゴネリルはリアがかわいがっている道化をいじめ、邪魔な家来を半分に減らせとうそぶく。激怒したリアはすぐにリーガンの下へ。そこでも同様の目に遭ったリアは正気を失い、嵐の荒野に立ちすくみ、「風よ吹け！」と叫ぶ。ぼろ布を身にまといリアはついに狂人と化した。ただ姿を変えて王の下に舞い戻ったケントと道化だけが老王に仕えていた。ケントはコーディリアの下に密使を送り、フランス軍はブリテンに攻め込む。そこで父親との再会を果たしたコーディリアだったが、二人の安寧は長くは続かず、やがてフランス軍はブリテンに大敗する。リアとコーディリアは敵方に捕まり、そのうちコーディリアは殺害され、リアもやがて息絶える。

「リア王」に対するイギリスでの反響

十九世紀初頭のイギリスの文人チャールズ・ラムは、一八一一年に発表したシェイクスピア悲劇についてのエッセーのなかで、「リア王」という戯曲は上演不可能であると言っている。これはシェイクスピアの原作自体に対する不満ではなく、むしろ、原作を読んだときの感動がなぜ上演を観たときには得られないのか、というように読書と観劇という本来異質な体験を同一線上で比較した結果らしい。ラムの言葉を借りれば、「リアの偉大さは肉体的次元ではなくて知的次元に属する」ということになる。しかし、当時実際に演じられた「リア王」を観ると、リアの肉体的な衰えに焦点があり、リアが本来持っている内面的な偉大さが見えなくなっている、そのことにラムは不満であった。

では、ラムがこのエッセーを書いた当時、実際にシェイクスピア劇はどのような形で上演されていたのだろうか。ラムが「リア王」が上演不可能であると書いたころ、実はシェイクスピアが書いた「リア王」は上演されてはいなかった。ラムが書くずっと前からシェイクスピアの原作の上演はなされていなかった。ラムが観たのは、ネイハム・テイト（一六五二〜一七一五）が改作した「リア王」（一六八一年初演）であった。シェイクスピアの「リア王」では、リアもその三人の娘たちも、さらにリアの臣下のグロスターも死ぬというふうに善人も悪人も死んでしまう。ところが、テイトの改作では善人はみな生き残る。リアもグロスターもコーディリアも死なないうえに、コーディリアは最後にエドガーと結婚して国を治めるというハッピーエンドである。リアもグロスターも老後を楽しむという、絵に描いたような勧善懲悪の話になっている。現在のわれわれから見れば陳腐なものに思えるテイト版だが、当時は決して不評ではなかった。その証拠に、この改作は一六八一年以後ほぼ一世紀半にわたって、つまり十九世紀の半ば近くまで上演され続けることになる。その間、テイト版に原作の台詞の一部を復活させることもあったが、基本的には、「リア王」といえばシェイクスピアのではなく、このテイト版のものを指していた。この他にも「アントニーとクレオパトラ」や「ロミオとジュリエット」などの改作もシェイクスピアの死後半世紀も経つと始まり、二世紀近くも続いた。現在のようにシェイクスピア劇を原作通りに上演するのが一般的になったのは、十九世紀の半ばあるいは後半からなのである。

イギリスでは十七世紀半ばに清教徒革命が起こり、芝居の上演が十数年間禁止されるが、この時期を挟んで、演劇観や人間観、世界観が大きく変わる。近代的、合理的な人間観が一般的になり、このわれわれが住む世界は、理性によって捉えられ、論理的に説明できるものであるという思想が広がる。従って、演劇が扱うものも、そうした世界であり人間でなければならなかった。人間の理性を超えた世界は扱わないという暗黙の了解の下に、テイトも「リア王」を改作したのであった。論理的に説明のつかないような神の気紛れで、登場人物が不条理に死んでいくシェイクスピアの世界は、当時の観客には納得がいかないものだった。しかし今日ではテイト版は見る影もない。やはり、ギリシャ悲劇に比肩するドラマの世界を持つシェイクスピア版の「リア王」は、真実を見据え、人間の本質に迫るその迫力において他の追随を許さない。

イギリスにおける舞台の構造

一六六〇年の王政復古以後を境として、劇場や舞台の構造は大幅に変わる。簡単にいうと、革命以前は張出舞台が普通であったが、王政復古以後はいわゆるわれわれに馴染みの深い額縁舞台になる。エリザベス朝の舞台については、はっきりしたことは言えないが、舞台が客席に向かって張り出していて、観客が舞台を取り囲む形になっていて、舞台の奥には客席はなかったらしい。舞台奥には壁があって、俳優が登場したり退場したりするためのドアが二つついていた。舞台が少なくとも三方から客席に囲まれていて、現在のように舞台と客席とは額縁舞台のように幕によって隔てられていなかった。リアルな装置を組んでもすべての客席からは見えなかった。さらに照明もなく、劇場の周りこそ屋根のある客席になっていたが、平土間は青天井だった。だから、上演は午後、太陽光線の下でやるのが普通であり、舞台の照明や装置、幕という代物は当時は一切なかった。そしてほとんど背景はなし。だからエリザベス朝の演劇においては、俳優の演技が全てであり、照明や装置によって現実を舞台に再現することはしなかった。現代なら照明や装置が担う役割はすべて役者の台詞が負っていたのである。だからシェイクスピアの作品を読むと、時間や空間の描写が台詞として随所に出てくる。またシェイクスピア当時の舞台では、場面の転換は人物の登場や退場によっていた。舞台に人物がいて、そこに別の人物が加わるというのは同一場面の出来事であり、舞台の上に誰もいなくなって、次に誰かが出てきたらそこで新しい場面になる、というのが約束事になっていた。王政復古以後は張出舞台から現在の額縁舞台に近いものに変わっていったわけだが、イギリスで女優が出現したのはこの頃であった。シェイクスピアの時代には、女性の役は変声前の少年が演じていた。コーディリアもその例外にあらず。女優業の曙が王政復古期なのである。

イギリスの演劇史と日本の能との接点

こうしたイギリスの演劇史を辿っていくと、能との共通点も多い。例えば、共に小劇場で演じられたこと。また、ほとんど背景がなかったこと。さらに舞台前面の幕がなく、女の役を男が演じたこと。共に戦乱の世にあって成立した芸能であることも考え合わせると、黒澤が能の様式で自分の作品を演出したことも首肯できる。シェイクスピアの劇は言葉の劇であるが、黒澤の映画は、俳優のセリフよりもむしろ視覚的な処理に重きを置いたいわゆる映画そのものだった。対話によらず、行為や状況設定により、登場人物の内面心理を視覚的に表現している点は、元来、演劇とは異質のものであろう。しかし、原作の精神を曲解することなく登場人物の性格描写に成功している点は他の追随を許さない。

黒澤とシェイクスピアとの関係は『蜘蛛巣城』同様、疑いを入れるところではないが、黒澤の映画はある意味では寓話であり、教訓的であって、カタルシスにはならない。それに、シェイクスピアの原作では三人姉妹だったが、映画では三人兄弟となっており、リアを裏切る長女ゴネリルと次女リーガンの性格が原田美枝子演じる楓の方に託され、純真な聖女としてのコーディリアの性格づけは末の方に移されている。映画では、激しく動くものは全て戦っており、動かないものは既に死んでいるのだが、生きていて静かな者もいる。秀虎がかつて滅ぼした武将の遺児で、盲目の少年鶴丸である。この鶴丸、先にも述べたように現在の野村萬斎が演じているわけだが、その扮装も動きも見事に能の様式になっている。能は戦乱の時代に創造された演劇であり、生きて欲望を追求することの空しさを、しばしば死者の側から批判する内容を持っている。戦乱の無常を達観するのに適切な形式がそこにあるわけで、権力欲の渦巻く映画のなかにあって、戦うことを一切放棄した鶴丸が現れ、ラストで燃え落ちた古城の石垣の上にじっと佇む姿は圧巻である(アメリカの評論家ドナルド・リチーやポーランドの映画監督アンジェイ・ワイダなどは、黒澤の『悪い奴ほどよく眠る』(一九六〇年)を「ハムレット」の翻案だと見做している。父親殺しを追っていくという共通点を見出しているのだろうか。黒澤は言う。「あまりにもストレートな現代の問題であるだけに、ずばり具体的にいわなければならない反面、現にある権力に関してはある程度ぼかす必要も出て、隔靴掻痒の作品でした。その点では『生きものの記録』の方が、ぼくがストレートに出た映画です」)。

参考文献

[黒澤明関連]

黒澤明『蝦蟇の油　自伝のようなもの』一九八四年、岩波書店(同時代ライブラリー、一九九〇年)
『全集　黒澤明』全六巻、一九八八年、岩波書店
佐藤忠男『黒澤明の世界』一九六九年、三一書房(増補改訂版、一九八六年、朝日文庫)
中村保雄『能の面』〈日本の美と教養〉22、一九六九年、河原書店
大島渚『体験的戦後映像論』一九七五年、朝日選書
高峰秀子『わたしの渡世日記』一九七六年、朝日新聞社
『黒澤明集成』一九八九年、キネマ旬報社
西村雄一郎『黒澤明　音と映像』一九九〇年、立風書房(増補版、一九九八年)
佐藤忠男『黒澤明解題』(同時代ライブラリー)一九九〇年、岩波書店
ドナルド・リチー『黒澤明の映画』三木宮彦訳、一九九一年、現代教養文庫(社会思想社)
尾形敏朗『巨人と少年　黒澤明の女性たち』一九九二年、文藝春秋
川本三郎『今ひとたびの戦後日本映画』一九九四年、岩波書店
『黒澤明コレクション』(キネマ旬報復刻シリーズ)全三巻、一九九七年、キネマ旬報社
山田宏一『山田宏一の日本映画誌』一九九七年、ワイズ出版
『黒澤明クロニクル』一九九七年、ソニーマガジンズ
『素晴らしき巨星　黒澤明と木下恵介』一九九八年、キネマ旬報社
丹野達弥編『村木与四郎の映画美術[聞き書き]黒澤映画のデザイン』一九九八年、フィルムアート社

『レクイエム　黒澤明の世界』(毎日ムック「追悼号」)一九九八年、毎日新聞社
『KAWADE 夢ムック　文藝別冊[追悼特集]黒澤明』一九九八年、河出書房新社
三國隆三『黒澤明伝　天皇と呼ばれた映画監督』一九九八年、展望社
樋口尚文『黒澤明の映画術』一九九九年、筑摩書房
MOOK21『黒澤明　夢のあしあと』一九九九年、共同通信社
獅騎一郎『黒澤明と小津安二郎』二〇〇〇年、宝文館出版

[シェイクスピア関連]
『リア王』New Penguin Shakespeare、一九七二年(斎藤勇訳[一九四八年、岩波文庫]野島秀勝訳[二〇〇〇年、岩波文庫]福田恆存訳[一九六七年、新潮文庫]小田島雄志訳[一九八三年、白水Uブックス)
『マクベス』New Penguin Shakespeare、一九六七年(野上豊一郎訳[一九三八年、岩波文庫]福田恆存訳[一九六九年、新潮文庫])
中野好夫『シェイクスピアの面白さ』一九六七年、新潮選書
ピーター・ブルック『なにもない空間』高橋康也他訳、一九七一年、晶文社
ジョン・ウェイン『シェイクスピアの世界』米田一彦他訳、一九七三年、英宝社
「英語青年」一九七四年二月号、研究社
ロジャー・マンヴェル『シェイクスピアと映画』荒井良雄訳、一九七四年、白水社
『リア王年代記　シェイクスピア「リア王」の原本』北川悌二訳、一九七八年、北星堂
フランセス・イエイツ『世界劇場』藤田実訳、一九七八年、晶文社
高橋康也・樺山紘一『シェイクスピア時代』一九七九年、中公新書
フランセス・イエイツ『シェイクスピア最後の夢』藤田実訳、一九八〇年、晶文社
On King Lear, edited by Lawrence Danson, Princeton Univ.Press, 1981
小田島雄志『シェイクスピア物語』一九八一年、岩波ジュニア新書
笹山隆『ドラマと観客』一九八二年、研究社
E.M.W.Tillyard, *Shakespeare's Last Plays*, Humanities Press Athlone Press 1983 (First Published 1938)
Stephen Booth, *King Lear, Macbeth, indefinition, and tragedy*, Yale Univ. Press, 1983

A.C.Bradley, *Shakespearean Tragedy*, with a new introduction by John Russell Brown, Macmillan,1985, (First edition 1904)
Northrop Frye on Shakespeare, edited by Robert Sandler,Yale Univ.Press,1986
「文学」〈特集シェイクスピア　劇場と戯曲〉一九八六年四月号、岩波書店
福田恆存他編『シェイクスピアハンドブック』一九八七年、三省堂
小津次郎・関本まや子訳編『人生の知恵　シェイクスピアの言葉（新装版）』一九九〇年、彌生書房
喜志哲雄『劇場のシェイクスピア』一九九一年、早川書房
小田島雄志『小田島雄志のシェイクスピア遊学』一九九一年、白水Uブックス
John Golder, *Shakespeare for the age of reason: the earliest stage adaptations of Jean-François Ducis 1769-1792*, The Voltaire Foundation,1992
スティーヴン・グリーンブラット『ルネサンスの自己成型』高田茂樹訳、一九九二年、みすず書房
E・M・W・ティリヤード『エリザベス朝の世界像』磯田光一他訳、一九九二年、筑摩叢書
ヤン・コット『シェイクスピアはわれらの同時代人』蜂谷昭男・喜志哲雄訳、一九九二年、白水社
松岡和子『すべての季節のシェイクスピア』一九九三年、筑摩書房
フランソワ・ラロック『シェイクスピアの世界』石井美樹子訳、一九九四年、創元社
高橋康也編『シェイクスピア・ハンドブック』一九九四年、新書館
森祐希子『映画で読むシェイクスピア』一九九六年、紀伊國屋書店
狩野良規『シェイクスピア・オン・スクリーン』一九九六年、三修社
ジョン・ミシェル『シェイクスピアはどこにいる？』高橋健次訳、一九九八年、文藝春秋
高田康成・河合祥一郎・野田学編『シェイクスピアへの架け橋』一九九八年、東京大学出版会
河合隼雄・松岡和子『快読シェイクスピア』一九九九年、新潮社
「英語青年」〈特集これからのシェイクスピア〉一九九九年五月号、研究社
週刊朝日百科「世界の文学」ヨーロッパⅡ、一号〈シェイクスピア、ラシーヌほか〉一九九九年、朝日新聞社
AERA Mook「シェイクスピアがわかる」一九九九年、朝日新聞社
特集アスペクト79『読まずにわかる！　シェイクスピア』一九九九年、アスペクト

[10] 甦る記憶　過去と現在の間に　岩井俊二の『Love Letter』論

すでにテレビドラマとして『打ち上げ花火、下から見るか？　横から見るか？』で日本映画監督協会新人賞を受賞し、他にも『Fried Dragon Fish』（一九九三年）、『ルナティック・ラブ』（一九九四年）、『Undo』（一九九四年）などの秀作を撮っていた岩井監督が、その才能を世間に知らしめたのが本作品である。「相手が不在の恋愛映画を創ってみたかった」という監督自身の思いから、手紙にまつわる物語を自ら脚本にし、映画化したものである。

平安時代の文学作品を見ると、手紙のことを「せうそこ（消息）」とも「ふみ（文）」とも呼んでいたことがわかるが、もともと、消息ということばは、相手の安否を問い、用事を達して、心中の心配事を「消し息む」意味である。「ラヴレター」とて通常の趣旨とはやや異なるものの、やはり、相手の安否を問うことから始まっても少しも不思議ではない。しかし、この作品のように、ただ相手の安否を問うだけで終わってしまう「ラヴレター」は奇妙である。

フランスのヌーヴェル・ヴァーグを思わせるストーリー展開と、ラストに意外な結末を持つこの『Love Letter』という作品は、監督の岩井俊二にとって劇場長編第一回作品である。ある時は耽美的であり、またある時はノスタルジックである、映像の戯れともいえる透明感に満ちあふれた画面の数々。しかしながら、Love Letterというタイトルから安易に想像されるような、お決まりのほろ苦い青春ドラマは展開されることはない。

天国への一通の手紙。それは死んだフィアンセへのラヴレター。
拝啓、藤井樹様。
お元気ですか？　私は元気です。
渡辺博子

こんなシンプルなラヴレターが博子の住む神戸から樹のいた小樽へ出される。返事の来るはずのない手紙を出すことで、博子は死んだフィアンセへの思いを断ち切ろうとしているかのようにも見える。しかし、あろうことか、返事が来てしまう。ここから博子は「失われた時を求めて」、小樽への旅に出ることになる。死んだ樹の山登りの親友だった秋葉とともに。やがて、彼らは、博子のフィアンセと同姓同名である中学の同級生、ただし女性の藤井樹が小樽にいることを知る。こうして不思議な縁で、ふたりの女性（実は中山美穂の二役）は、死んだ樹にまつわる回想をお互いに手紙を通して語っていくことになる。

ここで本題に入る前に手紙について少し考えてみたい。この作品でもラヴレターではなくてラヴコールだったら、誤解はすぐ解けてしまっている。電話というものは手間がかからない反面、相手のプライヴァシーの中へずけずけ入って行ったり、何度も繰り返し文面を読める手紙と異なり、相手にじっくりと考える余裕を与えないところがある。手紙を書いたり読んだりすることで喚起される想像力の広がりは大きいが、それだけ誤解も多くなるのも事実である。また昔は電話もほとんどなく、使える電話があっても必要最小限しか使わなかったから、遠方から何か送られてきても、書面でその感謝の気持ちを伝えていたわけである。電話はすぐ相手と話ができるが手紙は相手の許に着くのに日数がかかる。だから、送った方も先方が気に入ってくれたかどうか想像をめぐらす時間があり、一方送られた方も、自分が出した礼状を相手がどんな顔をして読むか推し量る余裕がある。電話が同時性を基礎にしているのに対し、手紙では時間的ずれがあるのが前提されている。実はこの手紙の時間的ずれが産み出す多層的な世界がこの作品を形作っているのである。ずれが産み出す感情のひだ。

さて、顔も見えず声も聞けない、またこの作品の場合、樹という名前は男女どちらにでもあり、相手の性別すらもわからない。しかし、不可解だと思いながらも博子と樹は手紙の魔力にとらえられ、文通を続ける。博子の場合は、死んだフィアンセを忘れたい、彼の思い出にとらわれている自分を解放したいという気持ちと裏腹に、自分の知らない彼の中学時代への興味や彼が自分を愛するに至った理由を知りたいという、三回忌を迎えてもまだフィアンセの死を受け容れられずにいる姿を見る者はダブらせてしまう。それほどフィアンセの死は彼女にとって突然であり、受け容れがたいものだったのかもしれない。

樹(男)は生前、博子に一目惚れしたと言っていた。小樽の街で博子は、すれ違いざまに樹(女)の顔を見た時、それはうそだと思った。厳密には画面を見ている観客にはそう見えた。博子は彼女の顔を見て一瞬はっとする。自分に瓜二つ、生き写しなのだ。しかしその理由は、スクリーンを見ているわれわれにしかわからない。われわれは二人の女性を画面で見比べて確かに似ている、そっくりなのだということを確認する。そうすることでひとつの物語を作り上げる。樹(男)は中学時代に、自分と同じ名前の女の子に恋をしたが、思いを相手に伝えられず、後年、その初恋の女性に似た博子という女性とめぐりあい婚約した。この二人の女性が似ているのは当然で、ともに中山美穂の一人二役によって演じられているわけだから。といった過去から現在に至るストーリーを思い浮かべてしまう。ただ映画の中ではふたりの女性がそっくりであるということにはほとんど触れられず、シーンとシーンが因果関係抜きにつなげられているだけなのである。このあたりはトリュフォーやヴァルダを思わせる。ふつう、われわれはいくつかの事実を自分流に組み立て、そこに因果関係を見出し、物語を紡ぎだす。そうすることでひとまず安心するが、しばらくすると、その自ら作り上げた物語の根拠が揺らぎだす。もっと他の物語がいくつも浮かんできて幾重にも物語の幅を広げていく。場面と場面をつなぐ何本もの糸を張り巡らすことで、この作品は限りなく厚みを増し、謎は一層深まっていく。

この『Love Letter』という作品を着想するきっかけになったのは、岩井監督の回想によると、監督自身がバスに足を踏まれたことにその発端があるらしい。彼はバスに足を踏まれ通院を続けていたが、その間は学校にも行けず、自宅と病院を往復する退屈な毎日だったそうだ。そんなある日、クラスの同じ班の人たちが、クラス全員のお見舞状を持って現れた。茶封筒いっぱいに詰め込まれたそのお見舞状は、その後押し入れの中で眠っていたが、十数年後、彼がある映画の原稿を書こうとしていた時、日の目を見ることになる。彼はこの茶封筒のことを思い出し、矢も盾もたまらず引っ張りだして広げてみる。女生徒の「はやくよくなってください」という真面目な文面や、悪友が描いたふざけたイラストを眺めながら追憶に耽っていた監督は、ついに『手紙』という着想を得たということだ。アルバムの写真を懐かしく眺めるように、彼がその手紙を繰り返し読んだであろうことは十分に想像できる。作品の中でも博子のフィアンセになる樹は自分が出場する陸上大会の前に、トラックに接触して事故を起こし、左足を複雑骨折するのである。切り取って並べたら人生なんて一冊のアルバムに収まってしまうものかもしれないが、そうした物悲しさをこの作品も持っている。

博子にとって中学時代の樹(男)は自分の知らない世界に属している。また彼は天国という博子にとって遠い未知の世界にいる。だからある意味では、中学時代の樹の許へ手紙を出すということは死出の旅へ出た樹の再生を願ったものともいえる。ちょうどギリシャ神話でオルフェウスが妻エウリディケーを求めて冥界に下ったように、博子は自分にとって未知の、樹の中学時代へと旅をすることで空白を埋めようとしているのかもしれない。それは樹(女)にとっても、記憶の彼方にあった中学時代の遠い日の思い出を現在へと呼び戻し、彼の自分への思いを確認することにもなっている。

同姓同名の男と女がいた、ということがこのドラマの不可思議な展開を可能なものにしているわけだが、適齢期の女性がたまたま、まだ結婚もせず、家にいた、それも引っ越しもせず、元の家にいたという偶然がなければそれも叶わぬことになる。そもそも博子が樹の三回忌のとき、彼の中学時代の卒業アルバムを見て、もう一人の樹の許に誤って手紙を出していなければ、ドラマも進展せずに終わっていただろう。博子が秋葉と一緒に小樽に行ったときも樹(女)と博子はすれ違うだけで、ましてや直接、話をすることもできないようにストーリーは組み立てられている。さまざまな偶然が織り成すドラマ。岩井俊二の作品は偶然のドラマだといっても過言ではないくらい運命のいたずらというものをわれわれに感じさせてくれる。これは監督自身が書いていることだが、撮影現場というのは不思議な場所で、普段あり得ないような偶然がよく起きるのだそうだ。『Love Letter』のときもそうで、あれだけ雪のシーンが多い映画なのに、十月から十一月にかけての二カ月の撮影期間中、雪が降ったのはたったの数回だけだったらしい。監督はそのわずか数回の雪の日に偶然雪のシーンを設定していたそうで、前の晩から天気が崩れ、朝になったら一面の銀世界が広がっているという具合に奇跡のような符合を経験したということだ。こうした偶然が、岩井監督の場合、他の作品の撮影中でもよく起こるらしく、それはドラマ自体の展開の偶然性の大きさと相俟って、見る者に人知を超えた存在を予感させる。ちょっとした勘違いがドラマの展開とともに大きな誤解へと発展し、当初は考えもしなかった運命の渦の中に人間を巻き込んでしまう。

この『Love Letter』という作品は監督自身の手による小説版も角川書店から出ている。小説と映画の違い、あるいは、ずれが生じてくるのは仕方のないことだが、原作を映画化する場合にはまずキャストを決め、場面設定を入念にやらなければならないのも事実である。また役者の衣装や表情から、それぞれの場面の背景から天候、さらにそこに流れる音楽まで厳密に決めておかねばならない。そうした周到な準備があって初めて映画作りが可能になるのである。映画というものが、もともと写真の集合体であるということから考えてみても、各場面を一枚の絵のように緻密に構成する必要があり、計算された画面が前提となっている。その点、この映画のなかでも二人の女性が似ているのか、似ていないのか、はっきりさせる必要が出てくる。これを映画の限界とみる見方もあるが、逆にいえば、小説では説明的に描写しなければならないことを、ひとつの場面設定で、観客に一瞬のうちに了解させる技法を映画は持っているとも言えるのである。この『Love Letter』という作品においてもその意味では、博子と樹の役を一人二役として中山に演じさせることを監督は選択したのである。それはしかし、無数にある選択肢のなかのひとつを選んだにすぎない。他の可能性を残しながら、ひとつの選択を迫られる映画製作の現実は認めるとしても、今回の場合のように、よじれた糸を手繰り寄せていくようなミステリアスな展開を可能にすることもある。むしろ小説と映画の機能上の違いを考えれば、原作の小説の延長上に映画があるのではなく、元来、原作と映画は別物でありそれぞれ独自の世界を構築している、と考える方が原作と映画の不幸な関係に終止符を打てるのではないだろうか。

博子の恋人になる樹については小説では、彼らの出会いからその後、樹が高校の美術教師になったことまで、けっこう詳しく言及されているのに、映画では樹と博子との出会いもそれ以後の生活も少ししか描写されない。謎に包まれたままである。間接的な樹についての情報がいくらか流れるが、直接、彼が登場することはほとんどない。なぜなのか。思うにそれは観客の側に樹についての予備知識をなるべく与えないこと、そのことによって樹の存在は反対にますます大きなものになる。情報量が少なければ、ますますわれわれはその対象に引き付けられていくものである。そのように意図的に作品のどこかに深い謎を残していくことで、観客は知らず知らずのうちに自らの中にその対象のイメージを肥大させていく。樹の全体像がつかめなければつかめないほど、われわれの内には樹のイメージが増大していく。ホームズ張りのミステリーよろしく、謎解きの呪縛から逃れられなくなる。

この映画のキーワードをひとつ挙げよ、といわれれば、それは「失われた時を求めて」ということになろう。この言葉はフランスの作家プルーストの大長編小説のタイトルでもあるが、手紙という形式を巧妙に織り交ぜながら、過去への旅を始める博子と秋葉、そして樹。プルーストの小説では話者の「私」は夜中に目を覚まし、おぼろげに過去を思い出していたが、ある冬の日、マドレーヌ菓子を紅茶に浸して味わうと、幼児期を過ごしたコンブレーの町やその近郊の町々の記憶が甦ってくる。ここでプルースト自身の流れるような文章を引用してみる。

過去を喚起しようとつとめるのは空しい労力であり、われわれの理知のあらゆる努力はむだである。過去は理知の領域のそと、その力のおよばないところで、何か思いがけない物質のなかにかくされている。その物質に、われわれが死ぬよりまえに出会うか、または出会わないかは、偶然によるのである。……そんなある冬の日、私が家に帰ってくると、母が、私のさむそうなのを見て、いつもの私の習慣に反して、すこし紅茶を飲ませてもらうようにと言いだした。はじめはことわった、それから、なぜか私は思いなおした。彼女はお菓子をとりにやったが、それは帆立貝のほそいみぞのついた貝殻の型に入れられたように見える、あの小づくりでまるくふとった、プチット・マドレーヌと呼ばれるお菓子の一つだった。そしてまもなく私は、うっとうしかった一日とあすも陰気な日であろうという見通しとにうちひしがれて、機械的に一さじの紅茶、私がマドレーヌの一きれをやわらかく溶かしておいた紅茶を、唇にもっていった。しかし、お菓子のかけらのまじった一口の紅茶が、口蓋にふれた瞬間に、私は身ぶるいした、私のなかに起こっている異常なことに気がついて。すばらしい快感が私を襲ったのであった、孤立した、原因のわからない快感である。その快感は、たちまち私に人生の転変を無縁のものにし、人生の災厄を無害だと思わせ、人生の短さを錯覚だと感じさせたのであった、……突如として、そのとき回想が私にあらわれた。この味覚、それはマドレーヌの小さなかけらの味覚だった、コンブレーで、日曜日の朝、私がレオニー叔母の部屋におはようを言いに行くと、叔母は彼女がいつも飲んでいるお茶の葉またはぼだい樹の花を煎じたもののなかに、そのマドレーヌをひたしてから、それを私にすすめてくれるのであった。……そして私が、ぼだい樹花を煎じたものにひたして叔母が出してくれたマドレーヌのかけらの味覚だと気がついたとたんに、たちまち、表通りに面していてそこに叔母の部屋があった灰色の古い家が、芝居の舞台装置のようにあらわれて、それの背後に、庭に面して、私の両親のためにたてられていた、小さな別棟につながった、そしてこの母屋とともに、朝から晩にいたるあらゆる天候のもとにおける町が、昼食までに私がよく送りだされた広場が、私がお使いに行った通りが、天気がいいときにみんなで足をのばした道筋が、あらわれた。……そして全コンブレーとその近郷、形態をそなえ堅牢性をもつそうしたすべてが、町も庭もともに、私の一杯の紅茶から出てきたのである。（『失われた時を求めて』、第一編スワン家のほうへ、七四〜七九頁、井上究一郎訳、ちくま文庫、第一巻、一九九二年）

このように続く一節を読めば、他のすべての状態を消し去ってしまうほどの幸福感が行間からあふれているのがわかる。しかし、それは思考の流れを遡っても得られるものではなく、同一の至福の状態には二度と達し得ないような特権的な瞬間なのである。

こうしたプルースト的世界を踏まえながら映画は構成されている。もちろん、マドレーヌ菓子は手紙とイラストにすり替えられてはいるが。ただ実際にこのプルーストの小説が登場する場面もある。例えば小樽から引っ越す樹(男)がもうひとりの樹に学校の図書館から借りていたこの「失われた時を求めて」を自分にかわって返してくれと頼みに来る場面。さらにそれを樹(女)が図書館の本棚に返すシーン。そしてエンディングで樹の後輩の女生徒たちが樹にそのプルーストの本に差し込んである図書カードを見せに彼女の家を訪ねる場面など。というような局面に、間違いなく中学の図書館にはあっても誰も借りないこの本が出てくるのである。特に、最後の場面のプルーストの本の効果は絶大である。「ちょっといいモノを見つけたので」と言って中学の後輩が樹の前に差し出したプルーストの「失われた時を求めて」、それはまぎれもなく彼が置いて行った本であった。唖然とする樹に「裏です、裏のカード」とはやしたてる生徒たち。言われるままに裏を見る樹。そこにはもちろん藤井樹という名前だけが記されていた。彼の名前であり樹の名前でもあるその名前が。しかし女の子たちは、まだ裏です、裏ですと言っている。わけもわからないまま、樹はカードを裏返す。するとそこには樹の中学時代の似顔絵があった。樹は中学時代のまだあどけない自分の似顔絵を見た時に、あのプルーストの作品で話者の「私」が紅茶に浸したマドレーヌによって過去の記憶を鮮やかに甦らせたように、忘れかけていた彼の思い出やエピソードが走馬灯のように脳裏を駆け巡ったのである。その似顔絵に込められた、自分への彼の熱い想いを胸に感じながら。そうした自分に気付いた樹は恥ずかしさのあまり、そのカードをポケットにしまおうとする。ところが彼女のお気に入りのエプロンドレスには、あいにくどこにもポケットはついていなかった。樹はこの時、彼の過去の姿をひとつひとつ思い浮かべながら、その意味を切ないほどに感じていたに違いない。

瓜二つの女性がお互いに引き合い、偶然が偶然を呼んで思いもよらぬ結末へと連なるドラマといえば、いまは亡きポーランドのキェシロフスキ監督の『ふたりのヴェロニカ』が挙げられるだろう。ポーランドとフランスに住むふたりのヴェロニカ(イレーヌ・ジャコブの一人二役)は、不思議な糸で結びつけられている。いつも、どこかにもうひとりの自分がいるような気がしていた。テレパシーで交信しているかのように相手の存在をいつも意識せざるをえない。ソプラノ歌手を目指すポーランドのヴェロニカは演奏会で幸運なデビューを果たすが、胸の発作に襲われ、息絶えてしまう。一方、フランスのヴェロニカもやはり歌手を目指していたが、ポーランドのヴェロニカが倒れた時、自らも歌手になる夢を捨ててしまう。夢を捨てたフランスのヴェロニカは小学校の音楽教師になり、ぼんやりと日々を送っている。ところがある日、小学校で人形劇が上演され、彼女はそれを演じる人形師に好意を抱く。その日からというもの、次々と奇妙な出来事が起こり、音楽だけが流れる無言電話があったり、送り主のわからぬ小包が届いたりする。そうした不思議な出来事を通じて自分が「本当の恋」をしているのに気付き、小包の消印を手がかりに「本当の恋」の相手を探しにパリへ向かう。途中、ふたりのヴェロニカがすれ違う場面があり、岩井作品との奇妙な符合をみせている。照明光よりも自然光の方がよく似合うイレーヌ・ジャコブの輝くばかりの美しさは、『Love Letter』の中山美穂のショットの数々と確実に重なり合う。現実から浮遊しているような奇妙な感覚に捕われるところは、スペインのビクトル・エリセなどともつながる。またこの『Love Letter』

という作品は偶然が産み出す同時性というものや、共時性といういささか神がかり的現象をもイメージさせてくれるのである。死んだ樹が人知れず天国に持ち去ったはずの秘密を、博子は図らずも発見してしまったのかもしれない。

アニエス・ヴァルダに『幸福』という作品があるが、そのなかでフランソワという男が妻のテレーズに自分の浮気を告白する場面が出てくる。その直後に妻は溺死体で発見されるわけだが、死んだ妻を抱えあげながらフランソワの脳裏をよぎったのは、池に落ちて溺れそうになっている妻が、何かに捕まろうとしている姿だった。しかし、これは客観的な事実ではなくてむしろ、フランソワが自分の頭のなかで想像した妻の死の物語であった。『Love Letter』の方も、フィアンセの過去の姿を追い求めた博子自身の夢想の物語かもしれないのである。昔、フィアンセと同姓同名の女の子がいて、博子自身に非常によく似ていた。それでフィアンセは自分に一目惚れを、と博子が過去の溝を埋めるべく、物語を作り上げた可能性は大きい。人は皆、客観的事実を信じるものではなく、信じたい事実を信じているだけなのかもしれない。そもそも客観的事実が存在するかどうかも議論の分かれるところなのだが。特に、自分の大切な人の過去であれば、どうしても知りたいと思うのは人情だろうが、知りたいと思えば思うほど、人は自分が信じたい物語を作り上げていく。博子には一目惚れだといっていた樹は、実は彼と同姓同名の女の子の面影を引きずっていただけなのかもしれない。樹自身がそのことに意識的だったか無意識的だったかはわからないが、とにかく過去の記憶が彼の内部で何らかの形で甦ったことだけは確かだろう。一目惚れというものはそれ自体、過去の記憶のなかにあるさまざまな要素が、複雑に絡み合ってある形をとっているだけで、決して初めての経験ではないのかもしれない。むしろ、既視現象とかと同じように、どこかに記憶の痕跡が残っていたのが、あるとき、活性化されて出てくるといった方がふさわしい。樹は、初恋の女性に似ている自分に好意を持ったと考えることは、博子にとってはだまされたという印象を拭えないだろうが、この作品の場合は、樹の初恋の女性と博子によく似た二人の女優ではなく、中山美穂を一人二役として起用したことで、見る者に感情の齟齬が生じない構造になっている。だから、客観的には樹は、もう一人の樹にも、それから博子にも、まさに「一目惚れ」したと言えるのかもしれない。

映画は一人二役というキャスティングをとることで、一瞬のうちに、全てを物語のなかに組み込むことができる。これは岩井作品全体にいえることだが、現実と非現実の世界を結ぶ何かを常にイメージして作品が作られている。『PICNIC』においても精神病院に入院しているTSUMUJI(つむじ)とSATORU(さとる)は病院を抜け出して、病院の内と外とを隔てている塀の上を歩いていく。彼らにとっては塀の内側が現実であり、外側は非現実の世界である。非現実の世界へ足を踏み入れたいという誘惑に駆られたとしても、彼らは未知の領域へは入ることはできない。非現実の世界へ入ることは彼らにとっては死を意味するからである。だから、現実と非現実の境界にある、両方を俯瞰できる塀の上に彼らはとどまるしかない。日常と非日常の世界の交流と言い換えてもいいような映像が岩井作品にはよく出てくる。あるいは現在と過去が相補的な作用をすることで、われわれは切ないばかりの懐かしさを喚起されることになる。

『Love Letter』が天国への手紙という形をとっているのに対して、『PICNIC』では双子の妹を殺してしまった「ココ」や昔いじめられた小学校の教師を刺した「つむじ」やその友人の「さとる」をいわば天使に見立ててドラマは展開する。からすの黒い羽根で作った服を自慢げに羽織った「ココ」が、病院の塀に上ろうとしている「つむじ」と「さとる」に「何が見えるの」と尋ねると、すかさず「つむじ」が「地球」と答える。彼らがいる病院は地球を相対化できる位置にある天体かあるいは天国か。三人で精神病院の回りの塀を探検した時も、病院の塀を越えて隣の塀に移ろうとする「ココ」に、「さとる」は「それ以上は行っちゃいけないんだよ」と言う。「ココ」は、「塀の外に出なきゃいいんでしょ」と答えて塀の上をどんどん進んでいく。その後を「つむじ」が追い、二人の探検が始まる。しばらく行くと教会から讃美歌が聞こえてくる。二人に気付いた牧師が塀に近付いてきて、下に降りてくるように促すが、天使である二人は塀の下には下りることはできない。それではということで、はしごを差し掛けて自分から塀に上っていく牧師。彼は「つむじ」に聖書を与える。担任の先生を殺してしまった罪の意識に悩まされる「つむじ」は、地球が滅亡することを祈る。「ココ」は自分が死ぬ時、地球は滅びるという。また自分が生まれたとき、地球が作られたと信じている彼女は地球を作ったのはパパとママだと思っているのである。黒い羽根の天使である「ココ」と、神様の本を手にし、信じる者は救われると公言する「つむじ」。その神様の本には七月十日の発行年月日が記してあったのだが、それを地球最後の日と確信した「つむじ」たちはその終焉を見に出かける。黒い旗、白い服あるいは白い旗、黒い服で。黒と白の鮮やかなコントラスト。ヴィム・ヴェンダースの『ベルリン・天使の詩』を彷彿させる画像が続く中で、塀から落ちた「さとる」が「塀の上、塀の上」と叫びながら死んでいく。「つむじ」は自分が雨の日に殺した小学校の担任の「てんごくや先生」の亡霊に悩まされ続ける。一方、「ココ」も首を締めあって妹を殺してしまった妙な罪悪感があり、「さとる」の死後、残された二人にも救いはない。「つむじ」の吐くことばがそれを象徴している。「神様は許してくれても、あいつは許してくれない」と。地球が滅びれば自分たちの罪がなくなると信じる二人は地球最後のキスをする。しかし、二人がいくら願っても「最後の日」は訪れてこない。思い余った「つむじ」は、警官から調達した銃を太陽に向かって撃つ。太陽に撃ち込めば、太陽が爆発を起こすかもしれないと信じて。でも、無情にも弾は太陽には届かない。「下手くそ。わたしが死なきゃ、やはりダメみたい。わたしがあなたの罪を洗い流してあげる」ということばを残して、「ココ」は「つむじ」から取り上げた銃で自分の頭を撃つ。黒い羽根の天使の死。独り残された「つむじ」は死のうにも、自分を撃つ弾は残されていない。空砲がエンディングに悲しく響き渡る。こうした天使的存在を介在させることで現実を俯瞰する目を映画のなかに取り込む、つまり超自然的存在を作品に登場させることで非現実の世界から現実の世界を、非日常の世界から日常の世界を見下ろす地平を観客に与える。相互の交流を通してその境界を曖昧にすること。自分が信じていることが現実であり、客観的な事実などありえないと言わんばかりに、この『PICNIC』でも信じることを基盤に置いた天と地の交流が描かれている。

また、フランスのヌーヴェル・ヴァーグの作家たちがそうしたように、岩井俊二も映画のなかに因果関係のくだくだしい説明は持ち込まない。ストーリーは常にいくつかの可能性の下に展開するわけで、そこに必然性というものの入り込む余地はない。だから複数の重層的なストーリーがときに錯綜して、新たな、誰も予期しなかったようなドラマ展開を生む。ここでストーリーとプロットの差異を論じたＥ・Ｍ・フォースターのことばに耳を傾けてみよう。

われわれはストーリーを、時間的順序に従って配列された諸事件についての語りであると定義してきた。プロットもまた諸事件の語りであるが、重点は因果関係に置かれている。「王が死んだ、それから王妃も死んだ」といえばストーリーだが、「王が死んだ、それから王妃がその悲しみのあまり死んだ」といえばプロットになる。時間的順序は保たれているが、因果律の意識がそこに影を投げかけている。(『小説の諸相』ペリカン版八七ページ)

われわれは映画のストーリーをたどりながら、なぜかという問いかけを常に忘れない。はっきりとした因果関係に基づいているような事件すら、実は曖昧なことの積み重ねだったりする。そうした現実における因果関係の恣意性に気付かせてくれる作品として、この『Love Letter』があると考えてもいいのかもしれない。因果律を排したところで何が残るかという問題に、岩井監督はアルバムの記念写真のように、瞬間的なスナップショットであるいくつかのエピソードを人生の中から切り取り、並べることで答えている。しかしそこに、集約された、確固とした事実は見出せない。ただ記憶を甦らせるエピソードが転がっているだけなのである。

参考文献

『ラヴレター』岩井俊二、角川書店、一九九五年
『トラッシュバスケット・シアター』岩井俊二、リクルート、ダ・ヴィンチ編集部　一九九七年
『失われた時を求めて』(第一巻)マルセル・プルースト、井上究一郎訳、筑摩書房(ちくま文庫)一九九二年
『失われた時を求めて』(上巻)マルセル・プルースト、鈴木道彦訳、集英社、一九九二年
『フランス文学史ノート』河盛好蔵他、駿河台出版社、一九九一年
『「朝までビデオ」の逆襲』キーワード事典編集部編、洋泉社、一九九四年
『文学テクスト入門』前田愛、筑摩書房、一九八八年
『手紙のことば』(ことば読本)河出書房新社、一九八九年
『映像人間とイメージ』岡田晋、美術出版社、一九六九年
『小説の諸相』E・M・フォースター、ペンギン・ブックス(ペリカン版)一九八四年
「ユリイカ」〈臨時増刊総特集ヌーヴェル・ヴァーグ30年〉青土社、一九八九年十二月
『フランス映画史』〈世界の映画作家29〉キネマ旬報社、一九七五年
『日本映画理論史』佐藤忠男、評論社、一九七七年
『トリコロール／青の愛／白の愛／赤の愛』クシシュトフ・キェシロフスキ&クシシュトフ・ピェシェヴィチ、和久本みさ子訳、早川書房(ハヤカワ文庫)一九九四年

［11］失われた家族の絆　『裸の島』論

一九九一年、筆者はフランスのニース大学に留学していた。ニースには市営のシネマテークがあり、格安な料金で映画が鑑賞できるので、ほとんど連日のように、中心部のマセナ広場を通ってそのシネマテークに通っていた。日本では観ることができないフランス映画を観るというのが一番の目的であったが、月に一度かかる日本映画もお目当ての一つだった。そこで初めて観たのがこの『裸の島』（一九六〇年）。監督は新藤兼人。前もって月間の上映プログラムを手に入れていたので、かなり期待して出かけて行った。フランスでは外国映画といえども、昔はフランス語吹き替えであったが、さすが現在では字幕スーパーが普通である。この『裸の島』も予告ではフランス語字幕が付くが、台詞は日本語となっていた。久しぶりに母国語が聴けると思うと、二、三日前からうきうきしていたが、当日、シネマテークに行ってびっくり。字幕は出ないし、肝心の日本語の方もさっぱり聞こえてこない。看板に偽りありなのか。上映が始まって一時間以上たっても、相変わらず聞こえてくるのは、俳優の笑い声や泣き声ばかり。フランス人に事務能力がないのは知っていたが、映画を第七芸術と呼ぶお国柄、他はいざ知らず映画だけは間違いなかろうと思っていた。どこかの国のように、映画を単なる娯楽としか考えないのとは違うんだろうなと。しかし、さんざん待った甲斐もなく、上映中、一度も台詞は耳にしなかったし、フランス語字幕が出ることもなかった。何だ、これは、とかんかんになって係の人に文句を言ったかというと、それがそうではなかった。上映中は林光の音楽が聞こえてくるだけで、何度も涙腺が刺激され、ハンカチが必要になる。だから、映画が終わったときには、感極まっていたのだ。文句を言うどころか、讃辞を送りたいくらいだった。さてこれから、異国の地で幸運にも出会ったこの『裸の島』について考えていくことにする。

林光の交響詩風の音楽と若干の音響効果を除けば、一切の台詞がないこの作品は、一九六〇年に製作された。この映画は新藤監督が自前の金だけで作ったもので、当初、一部で上映されただけだった。ところが翌一九六一年、モスクワ映画祭でグランプリを受賞すると、世界六十三カ国と輸出契約をして大変な外貨を稼ぐ事になる。この映画は、言葉というものを努めて排除し、映像そのものの可能性に賭けた映像表現の極致とも言えるが、それは新藤氏自身の農民という者への思いが反映した形ともなっている。広島市近郊の豪農の出身である氏は、『裸の島』を作るにあたって、次のような抱負を述べている。「瀬戸内海沿岸の大百姓の家に生まれた私は、父母たちの激しい労働を目の当たりにして育った。夏の初めの麦刈り、田植え、灼けつく太陽の下での草取り、秋の獲入れ時期の息の詰まるような忙しさ、幼い日に焼きつけられた、背を曲げて荷を負う、母の姿を忘れることはできない。いつの日か映画で、農民の大地とのたたかいを描いてみようと思っていた」と。こうして母の姿を通して農民の生きる力を知った新藤監督は、次のようにも言っている。「ある日、母は、鍬をかついで裸の田にはいっていく。稲株をおこす鍬である。何万とある稲の株、それをおこす最初の鍬を、実に無造作に母は打ち下ろすのである。眼もくらむほどの広さの中の一点に鍬を打ち込み、ゆっくりと次の株へゆく。そしてある日、母は全ての株を掘り起こして、彼方に辿り着き、最後の一株を実に無造作におこし了えるのである。最後の一株をおこし了えたからといって感想などは述べない。株をおこさねば麦蒔きができないからやるだけのことである」。自分が百姓の子でなかったら、『裸の島』を作るようなことはなかったと言い切る監督は、次第にこの映像詩の構想を作り上げていった。

映画が始まると、まず島の段々畑が、空から、海から、あるいは陸から映し出される。段丘をのぼる夫婦とおぼしき男と女。そして、まず「耕して天に至る」という言葉が現れる。続いて、「乾いた土」、さらに「限られた土地」と字幕が続き、最後にこの映画のタイトルである『裸の島』という文字が画面いっぱいに現出する。漸層的な効果をねらったこの字幕の連鎖だけ見ても、これからドラマが展開する島がいかに不毛の地かということをよく表している。やがて夜の明けきらぬ薄暗い朝靄のなかから櫓の音が聞こえてくる。小さな伝馬船が二人の農民を乗せて岸に近づく。二人は、天秤棒に桶をかついで岸辺に上がる。小川でその桶に水を汲む。そしてその水を大事に担いで、いま来た道を引き返して船に戻る。この二人の乗った伝馬船の行く手には小さな島がかすんで見える。その島がこの二人、千太とトヨが二人の息子と住んでいる島なのである。彼らは舟を漕いで毎日、尾道まで水を汲みに行かねばならない。そうして、その水を天秤棒で担いでは島のてっぺんまで耕されている段々畑の作物に水をかけるのが彼らの日課である。しわむ天秤棒。一歩一歩踏みしめながら坂を上る。貴重な水は一滴たりともこぼせない。作物に水をかけると乾いた土がさっと吸い込む。またかける。またさっと吸い込む。水のない不毛の土地。彼らはまた、上の子供を町の学校へ船で送迎しなければならない。単調な気の遠くなりそうな繰り返しの日々。

この作品の大半はこうした繰り返しの連続であるが、林光の音楽はそれをいつもやさしく包み込んでいる。同じことの繰り返しは、壮大な自然の営みにつながるものであり、太古の昔から、人間はこの単調な労働に耐えてきたのである。しかし、単調なリズムに身を任せているうちに、われわれは彼らと共に、舟を漕ぎ、水を汲み、天秤棒で段々畑を上り下りしているのである。彼らの日々の喜びも悲しみも共有できるものとしてそこにある。彼らの労働が単調であればあるだけ、それを果てしなく繰り返す姿は崇高に映るようになる。後半では、音楽が聞こえてくるだけで、彼らの労働のリズムが伝わってくる。黙々と働く二人のあいだに言葉はない。映画はトーキーになって台詞に気を取られ過ぎ、サイレント時代に獲得した「詩」を失ったと考える新藤氏は、映画は映像をもって語らしめよ、ということを常々主張してきた。映画における言葉は映像の付属物であったはずだ。氏はエイゼンシュタインの『戦艦ポチョムキン』の音楽入りを観たということを語っているが、この『裸の島』では林光が、日本の象徴のような小さな島に生きる家族を描いた映像詩に実に効果的な音楽をつけている。

映画が始まって少したった頃、例によって、二人の天秤棒が段々畑を上って行く。彼らの単調だが、たゆみない営みが今日も続くのかと思っていたら、突然、トヨは担いでいた桶の水を誤ってこぼしてしまう。既に先に行って作物に水を注いでいた千太は、手を止め、それを見下ろす。次の瞬間、トヨの許に下りてきた千太の大きな掌がトヨの頬に飛ぶ。トヨは大地にひっくり返る。彼らにとって、水はそれほど貴重なものであり、命の水でもあるのだ。無言のビンタは千太のトヨへの愛情でもあるわけで、また二人は、一つの桶を担いで急な坂を上り始める。この場面は終盤で、長男の太郎を病気で亡くす場面と呼応している。両親の留守中に太郎は病気になる。しかし、彼らの住む島には医者はいない。町まで医者を呼びに行ったが、家族の奮闘も空しく太郎は死んでしまう。医者が間に合わず、子供を失った夫婦の悲しみは想像を絶するが、やはり、生きていくためには不毛の地であっても、そこに日々、水を運ばなければならない。最愛の息子の死を悲しんでばかりはいられない。二人はまた桶を担いで坂を上る。桶を下ろして、千太は乾いた土に水を注ぎかける。と、突然、トヨが命の水が入った桶をわざとひっくり返す。そして狂ったように、作物を抜き始める。さらに、抜いた作物を乾いた大地にたたきつける。今度は、トヨをなぐりもせずに、怒りとも憐れみともつかない表情で見つめる千太。むしろ、労りの気持ちすらその顔から読み取れる。トヨを殴ったときも、いまこうして殴らずにトヨを労りの眼差しで見ているときも、千太にはトヨに対する深い愛情が感じられるのである。トヨは両手につかんだ作物をぼろりと落とし、大地にたたきつけて泣き伏す。慟哭するトヨを何も言わずにしばらく見つめている千太。やがて千太はゆっくりと柄杓に水を汲み、また乾いた大地にその水をかけ始める。トヨは砂まみれの顔で、不毛の大地に水を注ぐ千太を見ている。歯を喰いしばっているようにも見える千太を見ているうちに、トヨもまた水を注ぎ始める。二人の、悲しみをこらえるように水を注ぐ姿は痛々しいが、ある悲壮な決意を秘めている。この不毛の地にへばりついてでも生きてみせると。ややあって、カメラはこの家族が住む不毛の島を俯瞰する。最後に、水のないこの島が全体像を現すことで、その不毛性がより一層、観る者に印象付けられる構造になっている。いかに過酷な労働であっても、それが生きていくために必要なことであれば、われわれはその労働を選ばねばならないのである。

ただ、そうした過酷な営みを救ういくつかの場面がある。両親の留守中、太郎と次郎の兄弟は海辺で釣りをしていて、大きな鯛を釣り上げる。二人は戻った両親を断崖の下に作った池のところに連れて行く。そこには二人の釣り上げた鯛が悠々と泳いでいる。千太はいきなり次郎を担ぎ上げ、くるくるうれしそうに回しながら、海に放り込む。みんなそれを見て笑っている。家族みんなの笑顔が観る者の心を和ませる。苦しい暮らしの中の束の間の幸福。この大鯛を町に売りに行く家族。何軒も魚屋などを回るうちに、やっと鯛も売れる。二人は大衆食堂でカレーライスをご馳走してもらう。それに新しい下着も買ってもらう。貧しいけれど、しっかりした家族の絆を感じさせてくれるシーンである。

また、野天に据えられたドラム缶の風呂に家族が入る場面。まず、坊主頭の兄弟が入り、それから父親の千太が続く。そして最後に母親のトヨが静かに湯につかる。もう見上げる空には満天の星が輝いている。何でもない彼らの日常の場面だが、ああ、確かに家族がいる、と思わず画面を懐かしげに見入ってしまう観客。今は希薄になってしまった家族の強い絆をそこに感じて。

現代はある意味では家族が崩壊してしまった時代である。しかし、ここには思いやりに満ちた家族がいる、貧しいながらも。生きるということが常に大地との闘いを意味する彼らにとって、家族の絆だけが生きている証なのかもしれない。

参考文献
『新藤兼人　人としなりお』シナリオ作家協会「新藤兼人　人としなりお」出版委員会編、シナリオ作家協会、一九九六年
『日本映画３００』佐藤忠男、朝日文庫、一九九五年

[12]ハロー、グッバイ 『シェルブールの雨傘』論

この作品はミュージカルだが、並みのミュージカルではない。すべての台詞にメロディーがついている。とにかく最初から最後まで、ミシェル・ルグランの甘美で哀切なメロディーが流れ、それにすべての台詞が挿入されているのである。また、戦争が引き裂いた愛というテーマは、当時はよくあったわけだが、本作品も例外ではなく、背景にアルジェリア戦争を置いている。冷戦時代はフランスには徴兵制度があり、二年間の兵役が義務付けられていた。作品中でもジュヌヴィエーヴの恋人ギイは、引き裂かれるような思いに駆られながら、戦場に行く。われわれが中学時代以来、これほど英語に時間を割いているのは、もとはと言えば、イギリスの植民地主義や帝国主義に由来しているのであり、アルジェリアの独立を阻止しようとしたフランスの行動も、まったくそれと同じ構造を持っていたのである。カンヌの映画祭で、グランプリを受賞した、この『シェルブールの雨傘』(一九六四年)は、ジャック・ドゥミ監督の長編第三作にあたる。第一作は『ローラ』(一九六〇

年)、第二作目は、『天使の入江』(一九六二年)であるが、その舞台となるのは、第一作は監督の故郷ナント、第二作はニース、そして第三作はシェルブールと、いずれもドゥミの出自と同じ港町である。こうした海への彼の憧れは、以後、『ロシュフォールの恋人たち』(一九六六年)、『想い出のマルセイユ』(一九八八年)と続く彼の港町路線を見てもはっきりしている。ドゥミ自身は、この映画について次のように語っている。

「これは理屈抜きで、まず何よりも恋の映画である。ここに出てくる若い男女は、各々自分の心情を歌い上げる。筋は簡単だが、恋愛映画は話が単純であればあるほど、人を感動させるものだ。でもわれわれは一九六四年に生きているのだから、この物語も単純ではあるがモダンなものになったはずだ。以前からぼくにとって何よりの魅力は、恋人同士の若い男女が、一つの雨傘に入っている姿だった。ましてその女の方が、カトリーヌ・ドゥヌーヴ演じる清純さと無邪気さ、さらに若さを身いっぱいにたたえたジュヌヴィエーヴのような美しい娘であってみれば……。この映画で、アルジェリア戦争というドラマのシチュエーションを重視して論ずる批評に接すると、ぼくは困惑するのだ。シナリオの段階でぼくは人物をうまく描ききることに専念していたが、映画の出来上がった現在、アルジェリアが確かに作品のドラマ的根幹、社会的問題になっていることに自分自身が驚いた。主人公の男女の悲恋は、アルジェリアが原因なのだ。美しい恋の映画を作ろうと思ったあげくに、なぜアルジェリアがこんなに首をもたげてきたのか、それは自然発生的で副次的な産物であり、ぼくはドラマ的設定のためにアルジェリアを考え出すということはできないのだ。知らず知らずに、ぼくの心に巣食っているものが出てしまったのだろうか」

映画が時代を映す鏡でもあるということから考えても、アルジェリア戦争の影響は製作年代からいって避けられなかっただろうと思われる。観客を甘い恍惚の境地へと誘うミシェル・ルグランの音楽に乗って、恋の喜び、悲しみ、苦しみ、はかなさ、美しさを感情豊かに、文字通り、歌い上げるのであるが、忍び寄る戦争の影は確実に恋人たちに陰影を投げかけている。

さて、この映画は三部構成で作られているが、第一部「出発」、第二部「不在」、第三部「帰還」というように、各タイトルはすべて、兵役のためやむを得ず出征し、負傷して帰ってきたギイの視点で書かれている。ドラマは一九五七年十一月に始まり、一九六三年十二月のクリスマスの晩に終わる。わずか六年あまりの短いあいだの悲しい恋の物語である。「去る者は日々に疎し」とはよく言ったもので、人間関係も音信が途絶えると希薄になってしまう。恋人同士の場合は特に。この物語でも「わずか」二年の空白が、あれほど愛し合っていた二人の仲を無残にも引き裂いてしまうのである。

物語はノルマンジーの軍港シェルブールの雨のシーンから始まる。カラフルな傘を真上から撮るという粋なカメラワークから、少しずつカメラをわれわれの目線に近付けていくと、そこにシェルブールの全景が見えてくるという仕掛けになっている。それからすぐ、ギイの働く自動車修理工場に画面が変わり、すーっと黒塗りのメルセデスが入ってくる。黒塗りのメルセデスはこの映画のラストシーンにも登場するが、その時はギイの出征中に、別の男と結婚してしまったジュヌヴィエーヴの運転する車として、降りしきる雪の白さと絶妙のコントラストを成している。さて、ギイとジュヌヴィエーヴは恋仲だが、ジュヌヴィエーヴの母親はまだ若すぎるといって二人の結婚に反対している。そこに八万フランもの税金を払えという通知が来る。だが、傘屋にはそんな大金はもう残されていない。困った母親は、手持ちの宝石を売って急場をしのごうとするが、その時会った若い宝石商のロラン・カサールに娘を嫁がせようとする。それに反発したジュヌヴィエーヴは、恋人のギイと駆け落ちしようとするが、彼に召集令状が来てしまい、それも叶わず。シェルブール駅での劇的な別れとあいなる。ここまでが第一部。

第二部ではギイの留守中、ジュヌヴィエーヴは彼の子供を身ごもっていることを知る。戦地からのギイの便りも途絶えがちになった頃、例のカサールが彼女に結婚を申し込む。ギイの不在に不安を隠しきれない彼女は何を思ったか、ギイの帰りを待たずにカサールと結婚してパリに去ってしまう。結婚したカサールたちをじっと見つめる、ギイの幼なじみのマドレーヌ。ここまでが第二部。

そして、いよいよラストの第三部。シェルブールの駅頭に立つギイは負傷している。帰還したのはいいが、あれだけ愛し合ったジュヌヴィエーヴはもういない。彼は、もといた修理工場でまた働き始めるが、彼女を失った痛手で、酒と女に明け暮れる毎日。やがて仕事も辞めてしまう。そんなとき、自分を実の子のように可愛がってくれたエリーズが亡くなり、彼女の面倒を見ていたマドレーヌと結婚する意志を固める。エリーズの残してくれた遺産をもとに、彼らはガソリンスタンドを経営することになる。何年か経ったクリスマスの晩、妻が息子とプレゼントを買いに出かけた留守中に、何とあのジュヌヴィエーヴが偶然、スタンドに立ち寄る。運命のいたずらか、しかし、より は戻らなかった。今はそれぞれに幸福な家庭を持つ二人にとって、昔の恋は辛く苦しい思い出かも しれないが、乗り越えるべきもの。車の中にいる娘に会ってみないかという彼女の誘いにも、ギイ はただ首を横に振って答えるだけだった。ジュヌヴィエーヴが去った後、マドレーヌと息子が戻っ てきて、降りしきる雪の中でギイと戯れる場面に続いて、カメラがスタンドをバックしながら捕え て幕。そこにミシェル・ルグランのテーマ音楽が哀切な響きを増幅して流れる。

というふうに続くが、特に、最後のスタンドでの昔の恋人との再会の場面は秀逸。車の窓越しに お互いを認めた二人。まず、ジュヌヴィエーヴが「寒いわ」と言うと、すかさずギイが「事務所の なかへ」と応じる。半ば意味のない会話が続いた後、先に述べたように、彼女が娘に会えというの を断わり、ギイはもう行った方がいいと彼女を促す。そして女が、「あんた、元気？」と言うと、 男は、「とっても元気だよ」と答えたところで台詞は終わっている。挨拶の言葉は本来、会話が始 まるときに枕として使われるのが普通だが、この作品では一番最後に来ている。なぜか。だいたい、 あんな別れ方をしていて、恨みつらみが山ほどあるはずなのに、再会第一声が「寒いわ」と来る。 まさに凍るような「寒い」場面ではあるが。最後まで「期待する」言い争いの修羅場は訪れてこな い。意外な感じを観客が抱いている時に、この「あんた、元気？」が来るのである。この後、二人 は別れるわけだが、彼女はおそらく二度とこのスタンドには来ることはないだろうし、ギイの方も、 彼女の面影を追って家を出るなどということはないだろう。だから、この変則的な挨拶の意味するところはいささか複雑である。ただ少なくとも二人は、この挨拶に別れを、永遠の別れを込めていることだけは間違いない。そこに「アデュー」という訣別を意味することばを重ね合わせながら。まさに別れと出会いは背中合わせ、ハロー、グッバイ。

さて、タイトルの『シェルブールの雨傘』というのは、実は、ジュヌヴィエーヴが母親と営む傘屋の名前であり、監督自身の言葉によれば、何より恋の芽生えを象徴する屋号にもなっている。一つの雨傘に入っている恋人同士は彼にとって、最も魅力的な姿のはずであるから。また、ジュヌヴィエーヴのもう一つの恋の相手である宝石商カサールは、彼自身が劇中でいっているように、自分の真摯な愛情を、ローラというキャバレーの歌手に拒絶された苦い経験を持っている。この間の事情については、ドゥミ監督の長編第一作『ローラ』に詳しく展開されているはずである。そう考えていくと、『ローラ』と『シェルブールの雨傘』は連作であり、登場人物の性格付けも似ていることに気付く。それから、子供の名前について。ギイとジュヌヴィエーヴとのあいだの娘の名前はフランソワーズであり、一方、ギイとマドレーヌとのあいだの息子はフランソワという。この二つの名前は同じ根を持っている。フランソワ(François)という名の語尾にEをつけた形がフランソワーズ(Françoise)なのである。日本でいえば、例えば、「樹《いつき》」は男の名前にも女の名前にもあるのと同じことだ。台詞の裏に隠された昔の恋人同士の心情はいかに。こうした連作の持つ相乗効果や名前に込められた隠れたトリックを探ることで、われわれは一層、快い映画の深みにはまっていくのである。ドゥミの『ローラ』が公開されたとき、ヌーヴェル・ヴァーグの父であるジャン=ピエール・メルヴィル監督は、次のように讃えた。「レネの『二十四時間の情事』やトリュフォーの『大人は判ってくれない』を一連のダイヤモンドとすれば、『ローラ』はまぎれもなくひとつの真珠である」。この比喩は『シェルブールの雨傘』にも当てはまるかもしれない。生涯、海に憧れたドゥミにとっては、メルヴィル大監督に海で取れる真珠に自分をたとえてもらったことは、それからの彼の映画人生に大きな影響を与えたであろう。

参考文献
『シェルブールの雨傘』(シナリオ)窪川英水、白水社、一九八七年
『世界の映画作家29　フランス映画史』キネマ旬報社、一九七五年

［13］『青春デンデケデケデケ』あるいは青春という脆弱な響き

六〇年代のロックのヒット曲が存分に楽しめるこの『デンデケ』。それはベンチャーズの「パイプライン」に電気的啓示を受け、高校時代をロック一筋に突き進んだ若者たちの痛快青春ドラマである。原作は同名の芦原すなおの第一〇五回直木賞受賞作。この作品を映画化するにあたって、当初、製作会社から二つの注文がついた。その第一点は、原作は生の讃岐のことばで書かれているので、一般の映画ファンにはわかりづらいかもしれない、だから、ことばを関西弁に近付けるということ。さらに第二点は、強力なマドンナ役を設定したいということ。芦原氏の回想によると、この二点は大林宣彦監督で映画化する条件であったらしい。それらは芦原氏自身には到底受け入れがたい条件だったようだが、大林監督側によるこの企画書の白紙撤回宣言で難局も一挙に解決。わかりにくい方言は避けて、標準語に近付けるという小説作法をあえてとらなかった芦原氏は、「母国語と呼んでいる故郷、西讃岐のことばを使うことに成功する。また、念願だった観音寺ロケもついに実現する。作品では町並みが実に生き生きと活写されており、時折、主人公の竹良たちの自転車がその中を疾駆する様は、町の風景とうまくマッチしている。月並みな言い方を許してもらえば、駆け抜けた青春とでも呼べる、小気味いいテンポのドラマに仕上がっている。

この物語の主人公は藤原竹良。時は一九六五年三月二十八日の昼下がり。彼は黒衣の怪人に愛しい恋人をさらわれた変な夢を見ていた。この怪人が気色の悪い笑みを浮かべて草を薙ぎ払うように左腕を右から左にさっと打ち振ると、雲一つない青空が一瞬にしてかき曇り、稲妻が走った。デンデケデケデケ〜〜デンデケデケデケ〜〜。すばやく電気が走った。実はこの怪人の正体は電気ギターであったのだが、そのトレモロ・グリッサンド奏法が与えた衝撃は竹良の運命を変えてしまったのである。流れた曲はベンチャーズの「パイプライン」。あのベンチャーズのリーダー、ドン・ウィルソンのデンデケデケデケにいかれてしまった竹良は、白井清一や合田富士男、さらに岡下巧などとバンド結成へ向けて動き出す。そしてついに、バンドの名前もロッキング・ホースメンに決まり、いよいよ活動開始と相成ったのである。

この作品では、大林監督は若い俳優たちに自由にのびのびと演技をさせている。監督はもともと俳優の演技については、予想外の演技をした時でも、「NO」とは言わないで、「はい、そうですね」「うん、なかなか」と応えていたそうだ。それにもうひとつ、この作品の特徴はノーライティング。ライティングというのは、カメラの絞りを一定のところに定める。そして、それに合わせてライトの光量をコントロールすることをいう。それによって安定した美しい映像を作り出すわけだが、この映画ではそうした方法をとっていない。もちろん、夜は実際の暮らしのなかの照明程度のライトは使っているが、ライトマンが日常感覚で照明した場所に、後から撮影隊が行ってそのまま撮影するといった具合である。映画の背景の六〇年代日本においては、昼は明るく、夜は暗いのが当たり前だったわけで、その点、今の都市に多く見られる不夜城的有様とは随分異なる。一日中、光に包まれて生活している現在とは違う日常の光と闇の世界。そうしたセミドキュメンタリーを撮るのに、いわゆる「良い」演技は不要だった。だから、リハーサルもNGもなし。「人生にリハーサルも、NGも無いのに、何故、映画にだけそれが必要なのだ！」と大林監督は言い続けた。また、俳優たちは自主的に観音寺に住みついて、讃岐弁で暮らすといったように、この町の日常に触れることで、画面にも一層の説得力を与えている。小さな町だから、連日、町のどこかで撮影が行われている。普通の買物客に交じって俳優が演技する。カメラはそれを自然に何気なくとらえて、俳優を町の点景にしてしまう。町の人々がエキストラとして出演しているというより、むしろプロの俳優の方が町の日常の営みに参加させてもらっている、といった風情である。そこには、監督の「ぼくたちは、この町の人びとの暮らしをそっくり借りて、撮影するのだ」という姿勢が確実に生きている。百年もたった昔ながらの家屋をいまも使っているこの町の人びとは、機能主義に毒された「便利」大好き人間の対極にある。観音寺は「不便」で我慢の要る町かもしれないが、映像で見る限り、自足している。暑い夏は、夕方、水を撒くことでそよ風を呼ぶ。寒い冬も少し我慢すれば、陽だまりにめぐり合える。便利、快適な生活を求めて都会に流れる人が多い反面、不便、我慢の田舎はなくなっていく。しかし、このように伝統的な日本家屋で、辛抱強く暑さや寒さとも付き合っていくことからしか、伝統や文化は生まれないのもまた事実だ。

次に作品中に挿入される音楽について。「パイプライン」に始まるベンチャーズサウンドの数々、「のっぽのサリー」「アイ・フィール・ファイン」、それに極め付けの「ジョニー・B・グッド」などのロックのスタンダードナンバー。特に、エンディングに流れるロックの名曲「ジョニー・B・グッド」については、原作の芦原すなおの言葉を借りるのがいいだろう。「この曲にはロックのすべてがある。スピード感、加速感、軽快さ、歯切れよさ、聞く者の体を揺さぶるシンコペーションのうねり、そしてユーモア……」と続く。最後の文化祭でのステージを飾るロッキング・ホースメンのヴォーカル竹良は、この曲を一小節、一小節、噛みしめるように歌う。こうしたロックのナンバーに、橋幸夫の「潮来笠」や三田明の「美しい十代」などが絡む一方、六〇年代の軽快なサウンドなども巧みにかつ効果的に使われている。そして何よりも音楽監督久石譲の卓抜な手腕が全体をしっとりと包み込んでいる。この映画に登場する若者たちはだいたい一九四九年生まれに設定されているので、彼らのバイオリズムと絶妙の調和を見せている。中でも、お寺の跡取り息子の合田富士男の家で、最初の合同練習をやったとき、エレキの音が鳴り響くなか、外では「潮来笠」の宣伝カーが通り過ぎるという場面が、実にアンバランスの妙を発揮して秀逸。

この映画は芦原氏の原作にかなり忠実に作られているが、もちろん、大林監督特有の遊び心も随所に見られる。例えば、竹良が二年生のとき、親しくなった「しーさん」こと谷口静夫との出会いにまつわるシーン。訪ねた谷口の家を出る時に、別れしなに、「しーさん」の並々ならぬ友情に応えて、竹良が、ぼくが昔の人ならば「実にもってかたじけない」とやると、「しーさん」が「いやいや」と返す、侍の格好をして。また、高校生活最後の夏休みの竹良の初デートの場面。竹良に前から好意を抱いていた唐本幸代が海水浴に誘いにやってくる。浅瀬で二人が仲良く泳いでいるときに、場面が急に竹良の家の二階に変わるが、そのまま二人は海水着をつけて畳の上で泳いでいる。滑稽というより微笑ましい場面である。この後にすかさず、黛ジュンの「恋のハレルヤ」が流れる。こうした大林流の遊びが映画の中に散りばめられていて、さながら潤滑油のような働きをしているのである。

バンドの練習に明け暮れた高校時代、それに恋、そして友との別れあり、といった具合に、青春ドラマの要素を十分に備えた『デンデケ』。少しうまくまとまりすぎの感じもあるが、そこは軽快なテンポで一気に押し切っている。出来過ぎだと感じる前に、画面に吸いつけられてしまっているわれわれは、あっという間にラストの大学受験に向かう竹良の姿に熱い視線を送ることになる。急行列車に乗り込む竹良に若かりし頃の自分を重ね合せながら、青春という幾分、脆弱な響きを持ったことばも、この作品を観ている間は、朝日の強い輝きを決して失うことはない。

バンド仲間が家業を継いだりする中、竹良は自分のはっきりした進路も決められぬまま、東京に受験に行くことになるが、その前に彼は、ロッキング・ホースメンの巡礼の地を訪れることを思いつく。白いダスターコートに身を包んだ竹良の姿には、切ないほどの青春との訣別の思いがあったのかもしれない。原作者の芦原氏はこの小説の成功で、それまで勤めていた大学を辞め、筆一本の生活に入る。氏は、「デンデケ」を単なる懐古趣味で書いたのではなく、新たな旅立ちへの決意をそこに込めていたのだろう。そう思うと、竹良の旅立つ姿が、次第に芦原氏の姿と二重写しに見えてくるのは筆者だけだろうか。

参考文献

『青春デンデケデケデケ』芦原すなお、河出書房新社、一九九一年
『4／9秒の言葉』大林宣彦、創拓社、一九九六年

[14]『八日目』上昇と下降のドラマ

ある映画の冒頭で、てんとう虫が空高く昇っていく。このシーンは、見る者に不思議な、この世ならざるストーリーの展開を予感させる。草の上に寝転んだジョルジュの目にも、大空めがけて飛び上がる天道虫の姿が映る。

てんとう虫は、欧米では最も愛されている虫である。フランス語でも「マリア様のお馬」とか「神の虫」などと称され、親しまれているわけで、その事情は英語でもドイツ語でも同じである。この虫がこのように天上のイメージと結びつくのは、指にとまらせると指先から飛び立ち、必ず空へ昇っていくからであるらしいが、その色彩と形が愛らしいことも幸いしている。フランスでは、てんとう虫を捕えた時、それを飛ばせるか、木の枝に捕まらせてやると、虫は空に昇って天国に席を予約してくれるという言い伝えも残っている。こうしたことを考え合わせると映画のなかに何度も登場するこの昆虫は、作品全体に超自然的なイメージを与えることに大いに役立っている。ラストでも、死んでしまったジョルジュが行く天国へとてんとう虫は飛び立っていく。天国に彼の席を予約するかのように。

さて、この作品は、ジャコ・ヴァン・ドルマルの監督第二作、『八日目』（長編デビューは一九九一年の『トト・ザ・ヒーロー』）。物語はセールス・アドヴァイザーのアリーという男と、最愛の母に死なれ、施設で寂しく暮らすダウン症の青年ジョルジュとの出会いを中心に展開する。『八日目』というタイトルからして「創世記」のもじりであり、神的世界との関わりが前提されている。初めは無であり、音楽だけがあったというオープニングの言葉で始まり、六日目のヒトの創造へと続く。七日目は休息。そして八日目は？　というのがこのタイトルの意味するところだろう。ドルマル監督は前作の『トト・ザ・ヒーロー』にも出演したパスカル・デュケンヌをこの作品にも登用したわけだが、彼自身、実際にダウン症の青年であり、映画の中ではもう一人の別の人格のダウン症の青年ジョルジュを演じたことになる。彼とアリーを演じたダニエル・オートゥイユが迫真の演技を見せるなか、二人の関係をより緊密にしたのは、雨に濡れる野原のシーンだろう。

アリーにその世間知らずのために野原の真ん中で捨てられたジョルジュ。アリーから渡された姉の住所が書かれた紙を右手に高く掲げて、呆然として立ちすくむ。折悪しく雨が降り出す。しかし、バスがそこを通りかかっても彼は身動きひとつせず、凍ったようにうつむきがちに濡れるままに任せている。そこに彼の身を案じたアリーの車が雨に煙る風景の中に見えてくる。いままでの絶望から歓喜へと。凍り付いた二人の友情の時間がまた流れ始める。「ぼくが好きなんだね」「友達、ぼくの友達」と叫びながら、アリーと抱き合うジョルジュ。アリーの顔にも安堵の表情が浮かび、笑みがこぼれる。どしゃ降りの雨は体を濡らすが、心にも潤いを与えてくれるものだ。

ジョルジュはすべすべした頬、キスしても、ちくっとしない女の頬が好きだ。男の頬はひげでちくちく痛い。触角的な快感を求めるところは、いくらか幼児的な性向を表しているのかもしれない。ジョルジュを施設に送り届けたアリーを、施設の仲間たちが取り囲んで、彼の服や髪を触る場面は、『二十日鼠と人間』(アメリカ、一九九二年、ゲイリー・シニーズ監督作品)という作品のなかで、ジョン・マルコヴィッチが演じたレニーを彷彿させるものがある。レニーは欲しいものにすぐ触りたがる習性を持っていたが、終盤で農場主の息子の妻の髪を指で撫で回し、抵抗する彼女を誤って殺してしまう。こうした狂気と紙一重のところにある行為は、ときとして超自然的な力を彼らに授ける。水を張ったプールの上をジョルジュが歩くシーンは、やはり、神聖なるものをそこに感じさせてくれる。マルコヴィッチが好演したレニーが、「白痴」のムイシュキンよろしく、神的世界を体現しているように。

泣くことで昇華する感情がある。「悲しいから涙が出る」のではなく、「涙が出るから悲しい」という考え方もあるが、涙は身体の生理的なカタルシスと精神の爽快、もしくは再生を得るための象徴的な流出物という見方もある。心から笑い、泣きたい時には泣くというのがジョルジュの生き方だが、いつも端正な態度を崩さず、自分の正しさを確信しているアリーも、次第にその装われた感情の殻を破って、素直な人間へと生まれ変わっていく。

長野オリンピックでの日本選手の活躍は今もなお記憶に新しいが、なかでもジャンプの原田雅彦選手の姿は深く印象に残っている。自らスマイリー原田と称しているくらいサーヴィス精神に富み、微笑みを絶やすことがなかった彼が、突然、我を忘れたように泣きじゃくったのだ。長野の四年前のリレハンメル大会のときの失速ジャンプの暗い記憶を引きずりながら、何を言われても笑ってそれをかわしていた原田の涙は、見る者にその隠された苦い記憶を想起させただけではなく、われわれに泣くことで昇華される屈折した感情を伝えたのだった。

渥美清主演のドラマに『泣いてたまるか』というのがあるが、自分が泣いても何にも出ないと歯を食いしばって、自らを襲う苦難に耐え生きようとする。「寅さんシリーズ」でも、渥美は自分が好きな女の人にふられた時、泣くよりも笑って、その場を取り繕う。そしてお決まりの旅に出る。こうしたドラマの設定は昔はもっと多かった。戦争物、悲恋物は言うに及ばず、青春ドラマ、ホームドラマなどでも、泣くのを堪え忍ぶシーンはよく見られたものである。こうした涙を流すまいとする行為は、日常的にはわれわれがいまよりむしろよく泣いていたという事実によって、一層効果的になる。昔は、「これくらいで泣いたらいかん」とか、「歯を食いしばれ」というような言葉をよく耳にしたものだ。むしろ、日常的によく泣いていたからこそ、涙を禁じるドラマができたともいえよう。あの男の中の男、高倉健もいかに涙をこらえるシーンの多いことか。

ところで、現在の日本においてはどうだろうか。青少年の目をそむけたくなるような犯罪のニュースが、連日、マスコミを賑わしている。いじめの問題にしてもわれわれの心を暗くするだけで、いっこうに解決の糸口すらも見出せぬ現況に苛立ちを禁じえない。ただ、事件の背景に涙の不在があるような気がする。もちろん、被害者の遺族の涙の痛切極まりないことは言をまたない。被害者自身についてよりも、加害者の側に涙が見られぬことが多いことは、平然として無感覚な印象を拭えない。それは犯行以前にも言えることで、涙の不在は犯人から自分の感情が昇華する機会を奪ってしまっている。犯行前にもっと泣いていたら、あんな狂気の沙汰としか思えない犯罪へとは向かわなかったかもしれない。悲しい時には泣き、うれしい時には笑う。こうした単純なことができなくなっている現在の状況には希望はないのかもしれないが、『八日目』に乾いた涙を取り戻す可能性を賭けてみることはできないだろうか。

『八日目』という映画は上昇と下降のドラマでもある。ある時はてんとう虫が、またある時は花火が天に昇っていく。また一方では雨が降り、ジョルジュがビルにのぼり、ビルから落ちる。その間にいくつかの涙が流れる。そうしたことを繰り返しながら、天国のママのことを想うジョルジュ。彼の側にいて天国との交信を確信するうちに、アリーもセールス・アドヴァイザーとしての実践的な力量をはるかに超えた、ある神秘的な力を感じるようになる。そして、ジョルジュを施設に送って行った後、言いようのない寂しさに襲われたアリーは、深夜、放送の終わったテレビの画面を見ながら、「友達のジョルジュ」と声に出してみる。するとテレパシーなのか、「アリー、ぼくの友達」と、ジョルジュも施設の自室でつぶやく。ただのたくさんの友達ではなく、ぼくの友達。ジョルジュが以前したようにプールに足を踏み入れたアリーが水の上を歩いてしまう。ジョルジュを想うことでアリーにも超自然的な力が備わったのか。

ここで、この作品に出てくる動物や植物に目を向けてみよう。登場回数の多さとそのドラマチックな印象という点で群を抜いているてんとう虫については冒頭で述べたので、次にその他のものについてその象徴的な意味について考えてみる。

まず蟻について。冒頭の蟻になったジョルジュが電気掃除機に吸い込まれてしまうシーンに始まり、途中、アリーとジョルジュが林のなかで、枯葉の上をせわしなく走り回る蟻をからかって遊ぶシーンへと続く。ヨーロッパの伝承によれば、蟻は妖精が姿を変えたものであり、樹の精としてのジョルジュとオーヴァーラップする。

次に馬についてだが、馬は「ヨハネの黙示録」によれば神の乗り物であり、白馬がケルトやゲルマンなどの社会で神意を知るための占いに用いられたのは、人間も及ばない優れた判断力を持つからとされてきた。映画の中では、馬の姿はモンゴルへの誘いであり、ジョルジュ自身の起源への誘惑へと連なっている。それは彼を産んだ母への想いともつながるわけであるが、アリーに連れられて行った海辺で、霧の中から現れた馬と対する彼の姿は、ブルーの不思議な馬の色と相俟って、こぼれるばかりの輝きを見せている。ジョルジュは誘うように踵を返した馬を追って、何時の間にか桟橋の一番先まで来ていた。「気を付けて」というママの声が聞こえたのか、間一髪、渦巻く波濤を間近に歩を止める。すかさず「ママ」と叫ぶが、ママの姿はもうそこにはなく、聞こえてきたのはジョルジュを案じるアリーの声であった。

ラスト近くでアリーと一緒に電気店を通り掛かったジョルジュが、「ジェネシス」というグループのリズムに合わせて踊るシーンがあるが、ジェネシスとは英語で「創世記」、つまり起源を意味する言葉であり、馬の場合と同様に、ジョルジュの自分のルーツへの旅を暗示している。それは母なるものへの彼の一層強いあこがれを示していると言えないだろうか。

ジョルジュはよく辛い時に空を見上げるが、特に、すべすべした頬をした女の人にふられた時など、すがるような眼差しでママのいる天国を見ている。彼の空への熱い視線はママへの視線であり、また彼の起源への夢なのである。

さらに鳩について。夢のなかにママも好きだったルイス・マリアーノという歌手が出てくるシーンがあるが、夢見心地でジョルジュが部屋を飛び回る時、鳩が登場する。直後に死んだママとの対話の場面が続くことから考えても、鳩は天と地、神と人とを媒介する聖霊として使われているのだろう。また、娘の誕生日の花火を派手に打ち上げた後、アリーと一緒に訪れた公園で、ジョルジュが樹に頬をつけるとママの姿が突然現れ、消えてゆくシーンにかすかに聞こえる鳩の羽音。さらに、エンディングに近いところで、ジョルジュがビルの屋上から激しくはばたき、笑い声とも悲鳴ともつかぬ声を上げながら落ちていくシーンでも鳩の羽音が、はばたくジョルジュに重ね合わせるように、効果音として使われている。キリスト教世界では、一般に鳩は、聖魂あるいは聖霊のシンボルで、しばしば天啓の訪れや昇天、さらに聖霊降臨などを表現している。とりわけ白い鳩は聖人の魂に擬せられることが多い。

最後に樹のことについて。ジョルジュは樹に触れ、樹と同化する。樹の幹に額をつけ、死んだママと交信したり、樹の息吹を身体全体で受けとめたりする。ラストシーンでもジョルジュは樹の上から、仲直りしたアリーとその娘たち見守っている。樹の精としてのジョルジュは、蟻や馬や鳩なとどともにこの物語を聖化していく。

それから、これは動物でも植物でもないが、ジョルジュの好きなチョコレートについて。彼はチョコレートが大の好物なのだが、残念なことに、チョコを食べるとアレルギーを起こしてしまう。ビルから飛び降りる前にも、天国のママに会いたい一心で、アレルギーになるのを承知で、チョコを買って食べている。そのすぐ後、夢遊病者のようにふらふらになりながら、ビルの屋上から飛び出す。帰らぬ人となることをおぼろげに自覚しながら。チョコレートはカカオを原料にした菓子であるが、中南米では古代からカカオを神からの授かりものとしていた。それはチョコを食べるジョルジュを神聖化するのに一役買っている。中南米の衣装に身を包んでラテン風の唄を歌うルイス・マリアーノも実は、カカオを神からの授かりものとする国々の伝統を見事に引き継いでいる。

午前七時半になると、ほどよい色に焼けたトーストが二枚、判で押したように、ポンと飛び出す。分刻みのスケジュールをこなすアリーには、近代の時間という制度に取り込まれた人間の存在の希薄さが感じられる。実は彼は時間を生きていない。それはミヒャエル・エンデが描いた『モモ』の世界と相通じる部分を持っている。だから、後半になると、アリーもジョルジュに影響されて、少しでも自分の時間を生きようとする。例えば、一面緑の芝の上に寝転んで、二人が雲を見ているシーン。「行くか?」と出発を促すアリーに対して、「あと一分」と答えるジョルジュ。「いいよ、あと一分」、アリーは腕時計に目をやると、再び空を見上げた。そして、豊かな充足した一分が過ぎていった。「終わり」と合図するアリーに対し、ジョルジュも満足そうに「いい一分だった」「ぼくらのための一分。ぼくらだけの……」とつぶやく。アリーもそれに共感できるほどに、彼の時間への意識はジョルジュとの交わりによって確実に変わっていた。

時間の観念ということでいえば、ルイ・マル監督の『鬼火』(一九六三年)という作品で描かれた、モーリス・ロネ演じる、自殺を決意した男の話が象徴的である。その男の名はアラン。マル監督自身の苦悩が投影されている主人公だが、製作年代からして、サルトルなどの実存主義の影響が色濃いキャスティングとなっている。

アルコール中毒の治療を終えたばかりのアランは、社会生活への自分の適応能力に自信がなく、希薄な人間関係に終止符を打つべく自殺をしようとする。そうした死へ向かう男の一日が二時間近く、画面に映し出される。冒頭の場面で時計をホテルのメイドにチップ代わりに渡すアランには、これから死ぬ人間にとっての時間の無意味さというものがよく表れているし、そこに、彼の制度的な時間への憎しみすら感じさせる。そして、いよいよ自殺決行の日、「あなた方はわたしを愛さなかったし、わたしもあなた方を愛さなかったので、自殺する」という言葉を残して、アランは死んでしまう。アリーとジョルジュのように「ぼくらのための一分」「ぼくらだけの一分」を共有できる相手がいなかったがために。

セールスの四原則の一つとして、相手の目を見ることを挙げるアリーだが、相手の目は見えていても、相手の瞳に映る自分の姿までは見えていない。だから、最後の公園のシーンで、ジョルジュから、「アリーの目のなかにジョルジュがいる」と言われて、アリーはいままで自分の目はどこを見ていたのかと自問しただろうし、自分を失いかけていたことに改めて気付いたに違いない。

ジョルジュとアリーは一見、異なった世界に住んでいるが、実は、同じ世界を彷徨っている孤独な魂であった。ドライブインでウエイトレスの女の子に、自分の愛を拒絶されて泣き叫んでいるジョルジュは、愛しているのに娘たちにも逃げられ、妻に拒絶されて慟哭しているアリー自身と瓜二つなのである。似た者同士が天と地という異なった地点から、少しずつお互いに近付いていき、天使であり、聖霊であるジョルジュの流す涙によって、アリーが次第に彼本来の姿を取り戻していく。泣きたい時に泣き、笑いたい時に笑うという、当たり前のことにアリーは気付く。神的なレベルにジョルジュを置くことで、地上世界にいるアリーの苦しみを俯瞰し、理解することができる視点を創りえた。さらに、それを可能にする聖なる道具立てを考案したことに、既にこの映画の成功は約束されていたともいえる。

この物語は次のように結ばれている。第七日目。神は骨休めに雲を作った。……神は考えた。「作り忘れたものは？」第八日目の創造物は「……ジョルジュ！」神は彼に満足なさった。

参考文献

アト・ド・フリース『イメージ・シンボル事典』山下主一郎主幹、大修館書店、一九八四年

映画の未来に向けて　まとめにかえて

日本を代表するアニメーション作家である宮崎駿の代表作は何といっても『となりのトトロ』だろう。昭和三十年代の初め頃の日本の農村を舞台にしたものだが、メッセージ性は意外に薄い。人間、年をとると説教臭くなり、理屈っぽくなりがちだが、後年の宮崎作品が、その興行成績（東宝のドル箱ともいわれる）にもかかわらず、メッセージ性の強いものになっていく過程を見ると、その弊を宮崎駿ですら免れていないと思われる。

何かを目指して、何かを実現させるために映画作りをすることは、ある意味で危険なことである。是枝裕和の映画は、その点、比較的そのメッセージ性の弊を免れている。『誰も知らない』でも子供を放置する母親や社会を決して糾弾しない。母親や社会に対して抗議の目を向けることなく、ただ黙々と自分たちの置かれた状況を生きている子供たちを映し出す。だから、観客は母親や社会に対して批判的になるより前に、子供たちのたくましさにエールを送り、観客の側がむしろ励まされてしまうという逆転現象を呼び起こす。メッセージ性が強いと、どうしても映画の見方が既定され、観客の想像力の働く余地がなくなってしまう。その極端な例がプロパガンダ映画、例えば戦中のアメリカや日本の映画を観ればその例証になろう。ドイツのヒトラーは、映画のプロパガンダ性にいち早く目をつけ、宣伝相を置くことすらして、映画を戦略的に利用している。ゲッベルスなどは悪名高い。ただ、そうしたプロパガンダ映画の中にあって、レニ・リーフェンシュタールの『民族の祭典』のように、映像作家の溢れる才能が勝って傑作として映画史に残る作品もいくつかあるが。小説のように文字ではなく映像に訴えることで、メッセージが具体的に構造的に観客の中に入り込んでしまう映画の持つ魔力にはいつも慎重でありたいし、観客が距離を置いて鑑賞できるように映画作りをするのは、映画人の任務でもあろう。戦時などの非常時には、プロパガンダ映画が作られる反面、それに対する反発も顕在化するのだが、平和時には、隠蔽された、あるいは自己検閲されたプロパガンダ映画も結構多いので注意を要する。国家権力から強制されたり、依頼されたりしたプロパガンダ映画より、製作者自身が国家権力への追従の姿勢として自己検閲した映画の方が、さらに深く構造化されたプロパガンダ映画であることは歴史が証明している。そしてそれは国家権力の介在を隠蔽してしまう危険性を持っている。

現在の映画界の状況はむろん後者の場合が多いだろうが、自己検閲した映画はおろか、原作として人気漫画を選ぶ安易な映画作りや過去のヒットした映画のリメイクが横行する現況は映画の未来に暗い影を投げかけている。これからの映画は何を描くのか、映画はどうなるのか。観客に迎合した制作態度がマンネリ化して、一層映画離れに拍車を掛けているのは事実だし、試写を繰り返し、そのたびに観客の要望を入れ修正して出来上がった作品は、いったい誰の作品なのかわからない。映画館システムの崩壊が叫ばれて久しいが、一回性の映画との出会いは、適度の緊張感と集中力を観客に呼び起こし、映画館にも熱気を生んでいた。今それを望むのは無理としても、水準の高い作品を作り続ければきっと観客が映画館に戻ってくるという希望を持って製作する姿勢が映画界にも求められている。戦時下のように軍部や国家権力の抑圧が顕在化しているときの方が、案外傑作が生まれるというのも皮肉な話だが、不可視の権力構造からの隠蔽された抑圧が蔓延している現在の方がもっと芸術的にも不毛な時代を生み出している。

３Ｄは観客が映画の中にいるような錯覚を覚える。それを臨場感とは呼びたくないが、最近では我も我もとその流行に乗っかっていく監督が多くなった。映画はリアリズムだと公言して憚らない人物もいるが、つまるところ、映画はウソの芸術だ。本来、リアリズムとはかけ離れた、人間の錯覚を利用した、まがいものとしての芸術、映画。

世界貿易センターへのハイジャック機の衝突を観た後では、いかなる映像もそのリアルさを減じてしまう。「事実は小説より奇なり」とはよく言ったものだが、「事実は映画より奇なり」と言い換えても面白いかもしれない。ただ、小説の、あるいは映画の真実は、しかし、まがいものの中にも十分見て取れる。ウソであるから伝わる真実もある。

『ライフ　イズ　ビューティフル』はナチス時代の収容所を描いているが、それまでの陰惨なだけの収容所の描写が、ユーモアとファンタジーにあふれた場面へと変容している。だがむしろ、リアリズムに徹した表現より却って、収容所の真実を観客に伝えているように見えるのはなぜか。

収容所を実際に体験した者には、どんな映像も事実を伝えるには十分ではなく、それは実際に従軍し、敵と戦闘を交えた者にとって、いわゆる戦争映画が真実を伝ええないのと同じだろう。小津は何度も徴兵に応じたにもかかわらず、いや徴兵に応じたからこそ、戦後、戦闘そのものも、兵隊も、自分の映画に登場させなかった。いかなる表現方法をとっても、実戦を経験した者には、絵空事にしか見えなかったのだろう。

最近、田坂具隆の『乳母車』(一九五六年)を観たが、愛人をつくった父親を強く断罪する場面もなく、愛人とのあいだにできた子供を守ろうと周りが奮闘するというもの。原作は石坂洋次郎だが、とってつけたような幸福な結末に現代の観客はどういう反応をするだろうか。田坂は同じ石坂原作の『陽のあたる坂道』も映画化している。映画史的に見れば、アクション映画とは一味違う石原裕次郎の新しい魅力を引き出したということになるのだろうが、実は田坂は広島で被爆している。そして原爆症を再発し、原爆体験を伝えることに絶望的になっている。

被爆した者は、被爆を描けない。どう工夫してもリアリズムの追求の果てには、被爆の真実は見えてこない。かといって、ユーモアとファンタジーで描けるほど、体験者は自分を客観的に見られるだろうか。ウソの描写に耐えられるだろうか。

これからの映画はどうなるのか。3D映画という三次元空間の只中にいるような錯覚を覚える近年の映画。もともと映画は人間の目の錯覚を利用したものだったはず。しかし、スクリーンに映し出された別の空間という意味合いが、3D導入で薄れてきた。映画館自体が映像のなかにある。妙な言い方だが、スクリーンと観客を隔てていた壁がなくなっていくのか。映画的に3Dが不必要な場合にも、3D映像を使っている作品がある。CGの導入は役者の要らない映画を産み出すのか。コンピューターで作り出された映像が質感、量感を増していくにつれ、スタジオ・システムは遠い昔のものになっていくのか。人が要らない映画とは、果たして映画なのか。

映画は映画館で観るもの、というリュミエール兄弟以来の映画館システムが壊れていく。テレビでの映画上映に始まり、ビデオ、LD、DVDなどの導入が、映画をみんなで観るものから、個人で観るものへと変化させた。不特定多数の人たちと観る映画、万障繰り合わせて開始時間に映画館に駆けつける映画は、もう時代遅れなのか。映画館に限定されない場所で、DVDなどを使った映画を観るという行為は、果たして、映画館で観た映画と同じものなのか。そもそも映画とは何なのか。集団から個人へ。

映画は複製芸術だが、基本的にはそう何度も観直すものではなかった。演劇なら、同じ演出、同じ役者でも、毎回違った舞台になるが、編集が可能な映画は、常に同じものを観ることを可能にする。もちろん、観るときの観客の状態で、映画は違った様相を見せることはある。ただ、ビデオ登場以前は、巻き戻して観たりすることはできず、観落とし、観間違いがあった。繰り返し、それも部分的に観直しができる昨今の映画事情では、映画を分析的に観るという姿勢を生んできている。

一回性の原則の崩壊。

映画はリアルさを追求してきたが、果たして映画はリアルでありうるのか。もともと「まがいもの」であったはずの映画が、リアルさを追求しても、とうてい現実には敵うまい。世界貿易センターに激突したハイジャック機の映像を見た後で、どんな映像が可能なのか。まがいものであったはずの映画が、リアルさを追求する。ウソの映像が現実とまがうようなリアリティーを持ちうることはありうるが、それはリアルさの追求とは別物。『ライフ　イズ　ビューティフル』のようなファンタジーが、むしろユダヤ人問題を浮き上がらせることもある。

CG等の映像技術が進化すると、昔、製作スタッフが血のにじむような苦労の末に考え出したアイディアなど簡単に実現してしまう、という声が聞かれる。例えば、黒澤の『羅生門』で、志村喬扮する杣売が森のなかを走る場面を思い出していただきたい。切り株だらけの森のなかを全速力で走る人物をどうして撮影するか悩んだ末に、思いついたのが、比較的樹も切り株もない場所にカメラを固定し、そのカメラを中心に円を描くように志村に走ってもらうということ。それを固定したカメラが回転しながら追う。そうすれば観客は、志村が森のなかを駆け抜けているように錯覚する。背景も、志村が走っているので、ぼやけていても何の違和感もない。この場面を見せながら、人間の英知の素晴らしさ、その極み、今の映画とは雲泥の差だ、とか解説しても、すぐ反論が返ってくる。そんなものはCGで訳もなく実現できる。苦労して作り上げた場面と、CGを使って容易に作り出せる場面と、どう違うのですか、映画的には同じではないですか、と切り返される。そんなの決まっているじゃないか、努力の結晶である黒澤映画が一味も二味も違うと思いながらも、相手を納得させる論点を並べることができない自分に苛立つことも多い。技術が今以上に向上することで二つの映像の差がさらに縮まるとき、どう反論したらいいのか。

絵画の歴史を辿っていくと、写真が登場した時点で技法にも大きな変化が現れている。正確に人物等を描写するという一点に限れば、写真は絵画を超える。すると写真登場以前にあったリアリズム信仰は次第に崩れていく。ただ現在は、写実絵画への静かな回帰志向が見られる。これは映画にもいえることで、CGや3Dという技術の導入が映画のリアリズム信仰を最大限に刺激しているのは事実だが、果たしてそれは映画の真実を伝え得るのか。むしろ、映画はもともと「まがいもの」であり、作りものだったのであり、それはある意味では現実を超えられない。リアリズム信仰はやがて崩れていくのか、あるいはさらなる信仰の深まりが訪れるのか。

年をとると、虚構に耐えられなくなることがある。今まで読めていた小説が読めなくなる。虚構から現実へ。いくつもの苛烈な現実を見てきた人間には、ウソごとの小説など隔靴掻痒のぬるま湯的世界なのだろう。しかし、虚構に耐えられないという事実は、年齢に関係なく、実は人間の老いそのものを象徴しているのではないだろうか。自分以外の世界へと向かう推進力が失われていけば、閉じた空間に自らを押し込めてしまうことになる。このことは映画にもいえる。それは観客だけの問題ではなく、製作側の姿勢にも現れている。大家といわれる映画作家たちが、晩年に至って、回想的で自伝的な要素の強い作品を作ったり、後世へのメッセージとして製作を行ったりすることは多いものだ。しかし、映画はもともと、ジャンルを問わずフィクションであって、そのことを忘れたとき、映画そのものも死んでしまうことを忘れてはいけない。

もう何度も繰り返して書いてきたことではあるが、映画においても写真に近いリアルさ(realness)ではなく、ある抽象性をもたらすリアリティー(reality)をこそ問題とすべきだろう。リアルさが程度や状態に重点があるのに対し、リアリティーの方はむしろ、対象の本質に直接迫った抽象性を帯びたものを指す。また今、リアルさという表現は、日本語としてかなり一般的になっていると思うが、リアルであるということがそのままリアリティーにつながるかのような短絡的な思考が蔓延する危険性が現代には潜んでいる。ある意味では、映画は全てフィクションであるが、CGとか3Dとかの技術の進歩によって、映像が飛躍的に鮮明に、かつ実物に限りなく近づくことで、その本質までも表現し得ているという錯覚を生んでいるのも事実だ。しかし、その本質こそがrealityであり、それは実物に限りなく近いというrealnessとは似て非なるものなのである。後者を対象の本質と混同している人が意外にも多い現実には閉口するが、軽々に、単なる価値観の違いとして片付けるわけにはいかないだろう。

映画が見えない理念を表現するメディアであり、言いたいことを隠すことで観客の想像力を刺激してきた歴史を、今こそ再認識すべき時期に来ている。そうした過去との対話を続けることが、斜陽産業といわれて久しい映画が生き残る唯一の手立てなのではないだろうか。

おわりに

ここまでお読みいただいてありがとうございます。映画は観終わった後、解放された気分になります。もちろん、憂鬱になる映画もあるでしょうが、非日常の世界から日常の世界へと引き戻される違和感と心地よさが何とも言えません。平均寿命が延び、高齢化社会の問題も顕在化している昨今ですが、映画は他人の手を煩わすことなく楽しめる未来にも有望なメディアです。映画は人生の応援歌なのです。これからも映画を楽しみましょう。

旅は現実の旅を含めて、今いる場所から遠くを見るわけで、現実を近視眼的に見ることから解放してくれます。映像は架空の旅をも可能にします。悲劇は人生を近視眼的に見ることから生まれるといったチャップリンの言葉を想起したいと思います。悲劇と喜劇は紙一重。

「人生はクローズアップで見れば悲劇であるが、ロングショットで見れば喜劇である」

最後になりましたが、出版業界不況の折、この本の出版に際して一方ならぬ支援を惜しまれなかった彩流社の河野和憲氏に心よりお礼申します。

【著者】

栗原好郎

…くりはら・よしろう…

1954年、福岡県甘木市(現・朝倉市)生まれ。早稲田大学第一文学部、九州大学大学院文学研究科に学ぶ。主な著書には『燦然たるオブジェたち　小津安二郎のミクロコスモス』(花書院、2014年、編著)、『シネテック』(九州工業大学附属図書館情報工学部分館、2014年)などがある。研究領域は多岐にわたるが、特に映画研究、フランス十八世紀研究。

Sairyusha

シネマ・クリティック

二〇一五年八月三十一日　初版第一刷

著者――栗原好郎
発行者――竹内淳夫
発行所――株式会社 彩流社
〒102-0071
東京都千代田区富士見2-2-2
電話：03-3234-5931
ファックス：03-3234-5932
E-mail：sairyusha@sairyusha.co.jp
印刷――明和印刷(株)
製本――(株)村上製本所
装丁――中山銀士＋杉山健慈

ISBN978-4-7791-2157-9 C0074

http://www.sairyusha.co.jp

フィギュール彩

〔既刊〕

㉟紀行　星の時間を旅して

立野正裕◉著

定価（本体 1800 円＋税）

流れる星、それは一瞬のなかを通りすぎる永遠。その存在は時間のなかに消滅して行くが光の記憶は残る。煌めく星空を想い描いた旅、そして十二章にわたる静穏なる足跡。

㉝亡国の罪

工藤寛治◉著

定価（本体 1800 円＋税）

《あなたは共犯者なのかもしれない？》元・大手映画会社「東映」の経営企画者だった著者が満を持して、いまだからこそ提言する「憂国」の書。これを書かずには死ぬに死ねない！

⑯監督ばか

内藤誠◉著

定価（本体 1800 円＋税）

「不良性感度」が濃厚な東映プログラムピクチャー等のＢ級映画は「時代」を精緻に反映する。カルト映画『番格ロック』から最新作『酒中日記』まで監督・内藤誠の活動を一冊に凝縮。